EMMA DE RO

OCCHI-IDEEN FÜR OSTERN

Umschlaggestaltung: Grafikzone, www.tg-grafikzone.at
Titelbild: Grafikzone, www.tg-grafikzone.at
Bildnachweis: Fotozone, www.tg-fotozone.at
Seite 10-11: Pexels © simon matzinger; Seite 12, 68: Pexels © pixabay; Seite 13: Pexels © anthony brow;
Seite 40: Pexels © susanne jutzeler; Seite 46: Pexels © karolina grabowska; Seite 56: Pexels © karolina grabowska

Bibliographische Information der Deutschen Nationalbibliothek
Die Deutsche Nationalbibliothek verzeichnet diese Publikation in der Deutschen Nationalbibliographie; detaillierte bibliographische Daten sind im Internet über http://dnb.d-nb.de abrufbar.

Hinweis:
Dieses Buch wurde auf chlorfrei gebleichtem Papier gedruckt. Die zum Schutz vor Verschmutzung verwendete Einschweißfolie ist aus Polyethylen chlor- und schwefelfrei hergestellt. Diese umweltfreundliche Folie verhält sich grundwasserneutral, ist voll recyclingfähig und verbrennt in Müllverbrennungsanlagen völlig ungiftig.

Auf Wunsch senden wir Ihnen gerne kostenlos unser Verlagsverzeichnis zu:
Leopold Stocker Verlag GmbH
Hofgasse 5 / Postfach 438
A-8011 Graz
Tel.: +43 (0)316/82 16 36
Fax: +43 (0)316/83 56 12
E-Mail: stocker-verlag@stocker-verlag.com
www.stocker-verlag.com

ISBN 978-3-7020-1932-7

Layout: Grafikzone, www.tg-grafikzone.at

Occhi-Ideen für Ostern

Was immer du tun kannst
oder träumst zu können, fang damit an!
Mut hat Genie, Kraft und Zauber in sich!
Johann Wolfgang von Goethe

Leopold Stocker Verlag
Graz – Stuttgart

INHALT

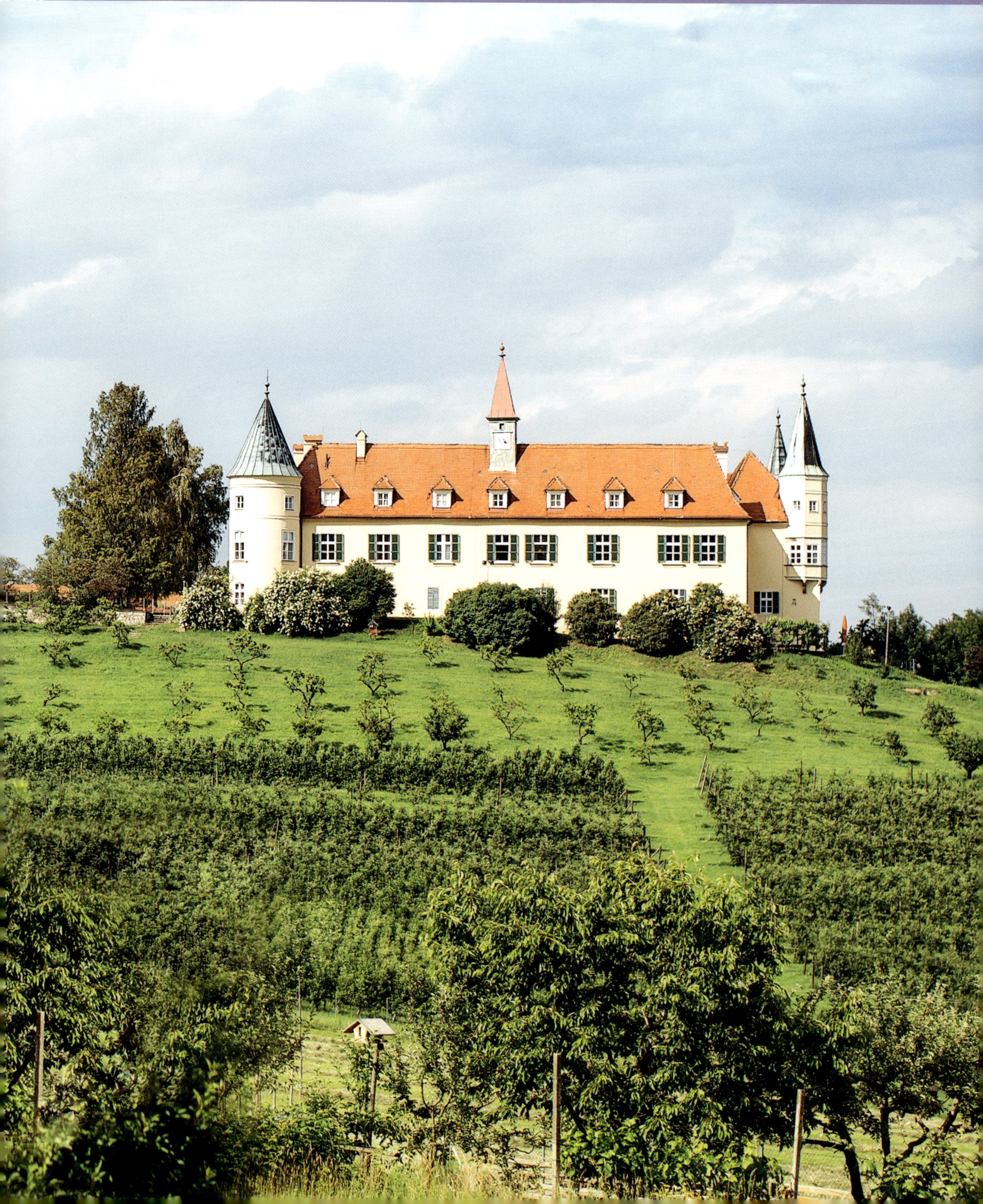

DIE AUTORIN

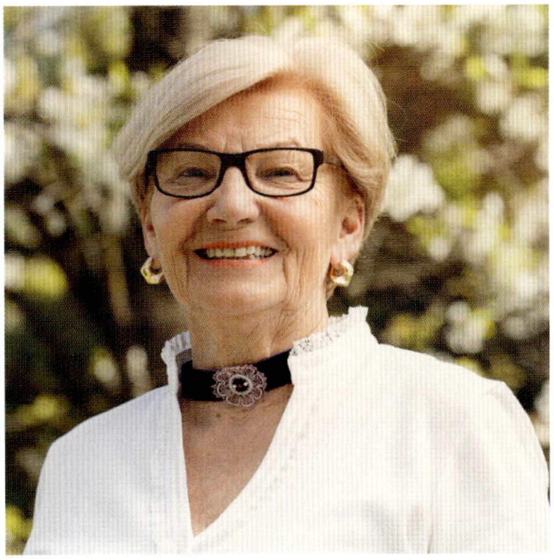

Occhi, Schiffchenspitze, Frivolité, Tatting sind Bezeichnungen, die immer wieder in der Textilwelt zu hören sind. Bereits Königin Mary II aus England (1602-1694) liebte diese Handarbeit sehr. Im achtzehnten Jahrhundert war diese Technik in Frankreich en vogue. Die Damen des Adels ließen sich mit kostbaren Schiffchen, die sie als Liebesgabe bekamen, porträtieren. Es war ein hübsches gefälliges Spiel, so auch die französische Bezeichnung „Frivolité", das Vergnügen. Diese Technik hat ihre Wurzeln nicht in Europa, sondern kam über den Orient zu uns. Diese feine graziöse elegante Spitze begeisterte Jahrhunderte hindurch die Damenwelt. Durch die Erfindung, mit zwei Schiffchen zu arbeiten, begann ein neuer Höhenflug dieser Technik. Seit meinem zwölften Lebensjahr beschäftige ich mich mit dieser vielfältig verwendbaren Spitze.

Als ich sie vor 38 Jahren im Bildungshaus Schloss St. Martin in Graz den Kursdamen und -herren zum ersten Mal zeigte, trat volle Begeisterung auf. In diesen Jahren entstanden viele neue Ideen, wie zum Beispiel Weihnachtsdekorationen, Schmuck oder Gestaltungselemente für Feste. Besonders „Occhi modern" eröffnete neue Möglichkeiten. Mit großer Freude habe ich dieses Buch, den „Osterkreis", zusammengestellt. Möge es ein Anstoß sein, diese besondere Handarbeit zu entdecken.

Nur drei Utensilien sind nötig: bewickelte Schiffchen, Häkelnadel und Schere. Sie haben den Vorteil, dass diese Arbeit überallhin mitgenommen werden kann. Meinen besonderen Dank möchte ich meinem Gatten, Herrn Dipl.-Ing. Paul De Ro aussprechen, für sein Verständnis und seine unermüdliche Unterstützung, sowie Michaela Müller und Angelika Temmel, die mir einige ihrer ausgearbeiteten Werkstücke für das Buch zu Verfügung gestellt haben.

Viele schöne Momente mit der Schiffchenspitze, den Stress hinter sich zu lassen und kreativ zu werden, dass sei mein Wunsch.

Emma de Ro

		DE	EN	FR	NL	IT
		Schiffchenspitze Occhi	*tatting / shuttle lace*	*frivolité*	*frivolité*	*chiacchierino / occhi*
1		Ring	*ring / circle*	*anneau / boucle*	*ring*	*anullo*
2	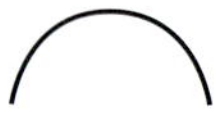	Bogen	*bow / chain*	*arcs‹u / chaine*	*boog*	*arca*
3	RK	Rechtsknoten	*first half stitch*	*noeud endroit*	*eerste helft*	*primo mezzo punto*
4	LK	Linksknoten	*second half stitch*	*noeud envers*	*tweede helft*	*secondo mezzo punto*
5	DK (x)	Doppelknoten	*double stitch*	*double noeud*	*dubbelknoopje*	*punto*
6		Pikot / Öse (kurz/ lang)	*picot*	*picot / oeillet*	*pikot/ lusje*	*pippiolini*
7		Josefinenknoten	*Josephine knot*	*noeud Josephine*	*Josephine knoot*	*Josephine nodo*
8	 OV	Occhi verkehrt	*tatting inversed*	*Frivolité inversée*	*Frivolité omgekeerd*	*occhi a l inverso*
9	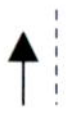	Verbindung	*connection*	*lien*	*verbinding*	*attacare*
10	A	Anfang	*beginning*	*début*	*begin*	*inizio*
11	K	Knüpffaden	*tying thread*	*fil d'attache*	*bindingdraad*	*filo a legare*
12	a, b, c, d	Reihenfolge der Arbeit	*sequence*	*séquence*	*volgorde*	*sequenza*
13	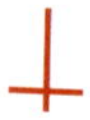	Spannfäden ein-hängen	*hang in threads*	*accrochage des fils*	*drade ophangen*	*appendi die fili*
14	W	Arbeit wenden	*reverse work*	*retournez l'ouvrage*	*kern werk*	*voltare il lavoro*
15		verbunden mit Perle	*pearl*	*Perle*	*Perle*	*perla*
16	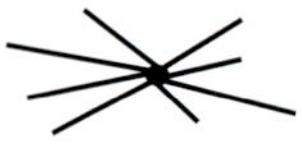	Ösenblüte	*Eyelet flower*	*Fleur à oeillet*	*Oogje bloem*	*Fiore occhielo*
17	6	Anzahl der Knoten	*amount of knots*	*nombre de noeuds*	*aantaal van knooten*	*numero di nodi*

GLOSSAR

DE	EN	FR	IT
Baumwolle	*coton*	*coton*	*cotone*
Beginn	*beginning*	*début*	*principio, inizio*
benötigtes Material	*equipment*	*matériel*	*occorente*
Blatt	*leaf*	*feuille*	*foglia*
blau	*blue*	*bleu*	*azzuro*
Blume	*flower*	*fleur*	*fiore*
Blütenblatt	*petal*	*pétale*	*petalo*
Bogen	*scallop*	*feston*	*festone*
dunkel	*dark*	*foncé*	*scuro*
Faden	*thread*	*fil*	*filo*
Fadenstärke	*thickness of the thread*	*épaisseur du fil*	*grossezza del filo*
Garn	*yarn*	*fil*	*filo*
hell	*light*	*clair*	*luminoso*
Kleeblatt	*trefoil leaf*	*feuille de trèfle*	*foglia di trifoglio*
letzte	*last*	*dernier*	*ultimo*
lila	*purple*	*violet, lila*	*viola, violetto*
links	*left hand side*	*gauche*	*sinistra*
Masche	*ribbon*	*ruban*	*nastro*
meliert	*flecked*	*moucheté*	*puntinato*
Mitte	*centre*	*centre, milieu*	*centro*
Motiv	*motif, design*	*motif*	*motivo*
Muster	*pattern*	*modèle, patron*	*modello, disegno*
nochmals drehen	*extra twist*	*re-tordre*	*girare di nuovo*
orange	*orange*	*orange*	*arancio*
rechts	*right hand side*	*à droite*	*destra*
Ring	*ring*	*anneau*	*anello*
rosa	*pink*	*rose*	*rosa*
rot	*red*	*rouge*	*rosso*
Schiffchen	*shuttle*	*navette*	*navetta*
Schmetterling	*butterfly*	*papillon*	*farfalla*
schwarz	*black*	*noir*	*nero*
Seide	*silk*	*soie*	*seta*
Silber	*silver*	*argent*	*argento*
Stärke	*thickness*	*épaisseur*	*grossezza*
technische Zeichnung (TZ)	*diagram*	*dessin technique*	*diagramma*
verbinden	*connect, join*	*joindre, relier*	*collegare*
Verbindung	*joint*	*raccord, jonction*	*unione, collegamento*
wiederholen	*repeat*	*répéter*	*ripetere*
Zeichnung	*drawing*	*dessin*	*disegno*

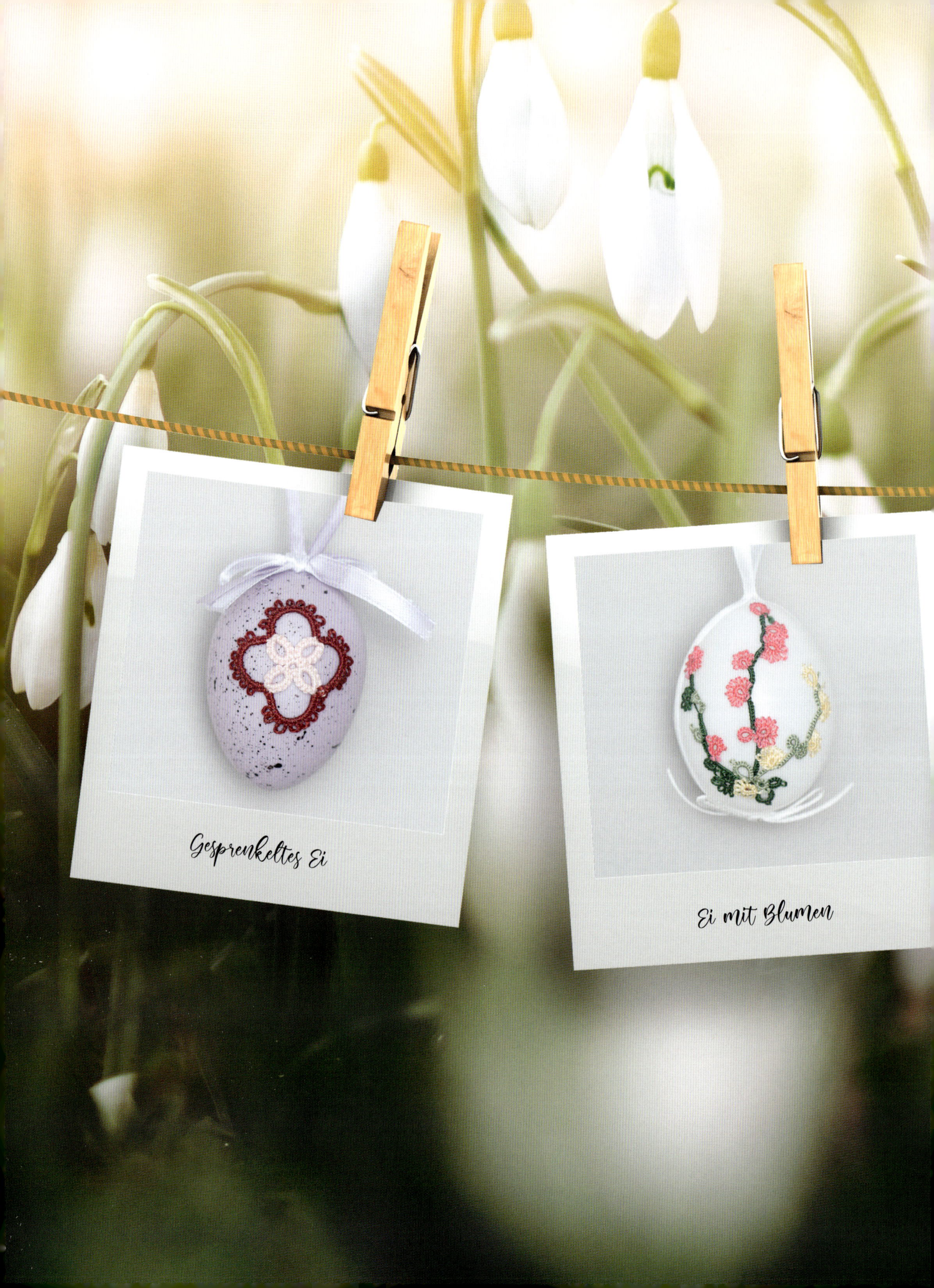
Gesprenkeltes Ei
Ei mit Blumen

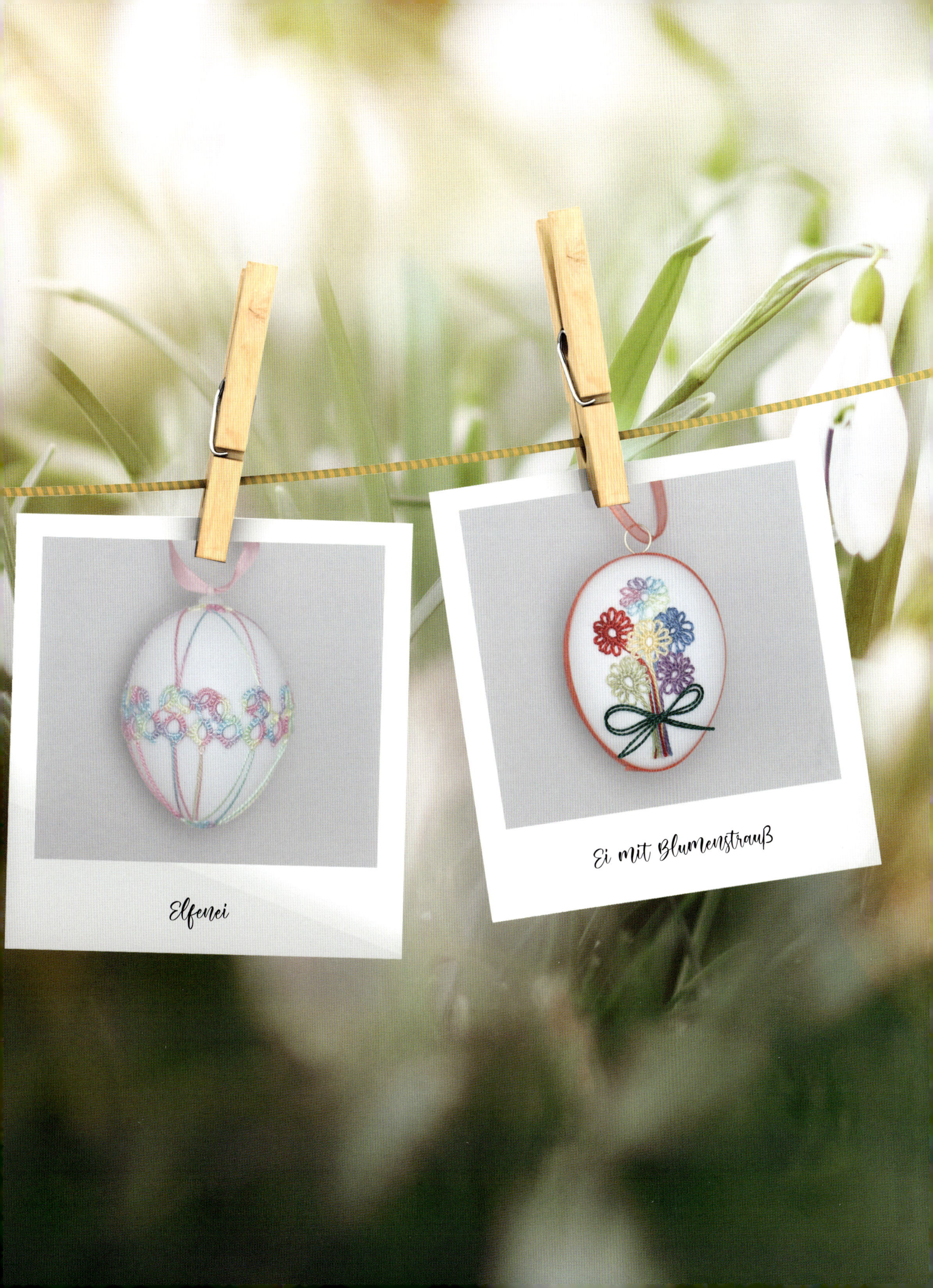

Elfenei

Ei mit Blumenstrauß

Übern Garten durch die Lüfte
Hört ich Wandervögel ziehn.
Das bedeutet Frühlingsdüfte.
Unten fängt's schon an zu blühn.

Jauchzen möcht ich, möchte weinen,
Ist mir's doch, als könnt's nicht sein!
Alte Wunder wieder scheinen
Mit dem Mondesglanz herein.

Und der Mond, die Sterne sagen's,
Und in Träumen rauscht's der Hain,
Und die Nachtigallen schlagen's:
Sie ist Deine, sie ist dein!

Joseph von Eichendorff

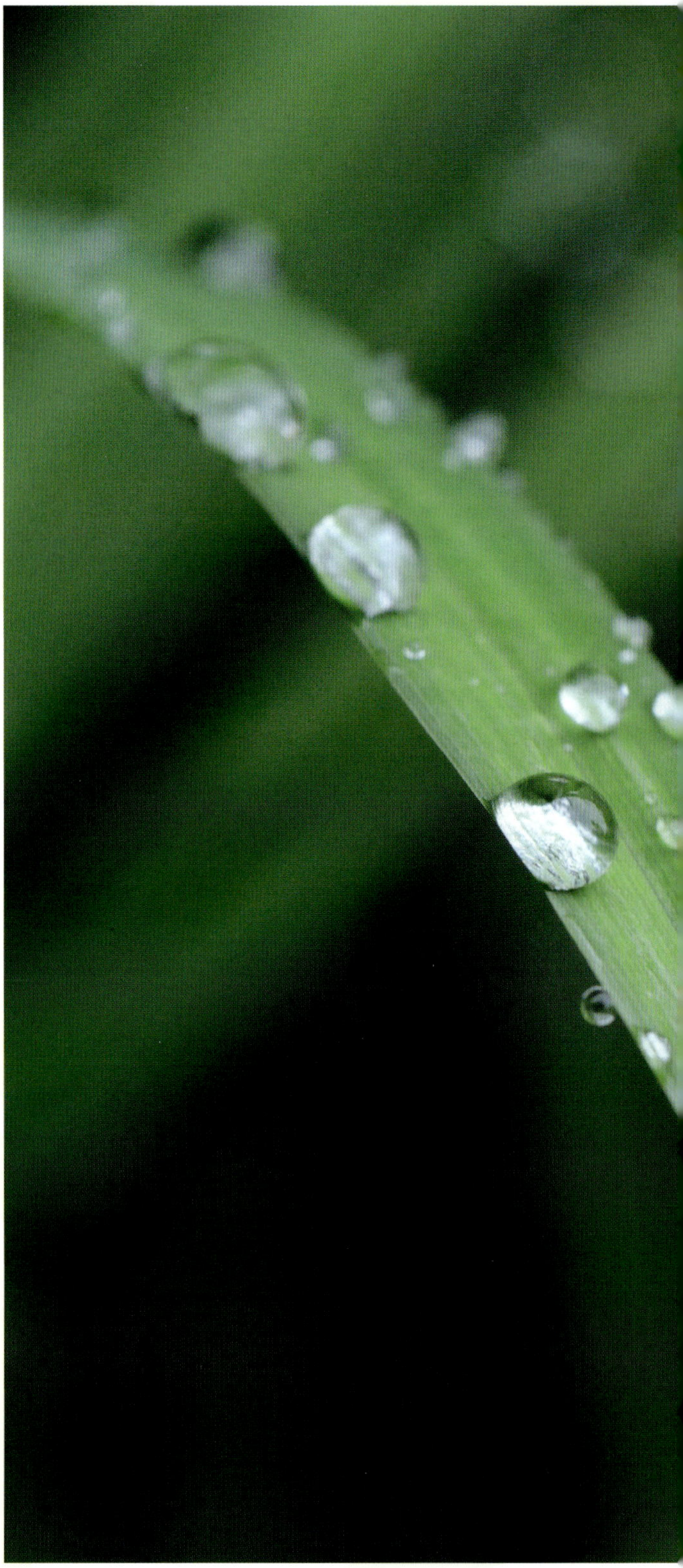

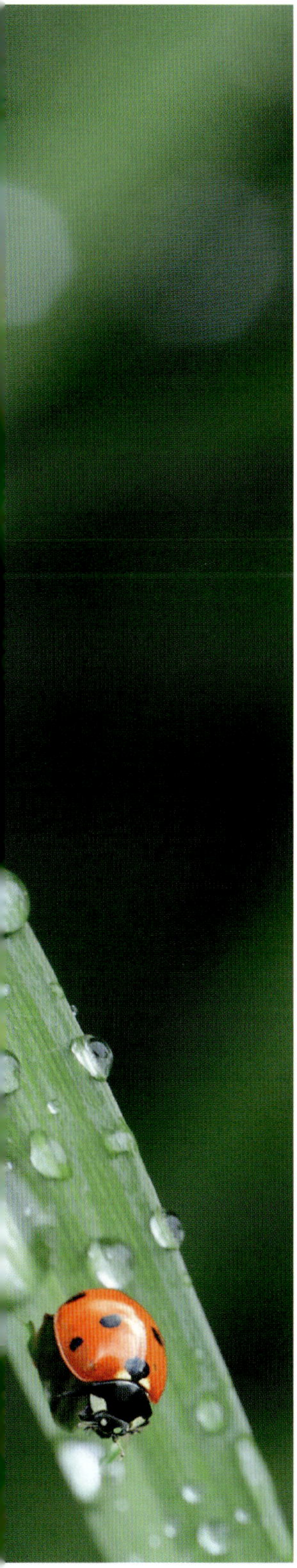

ARBEITEN

mit einem Schiffchen

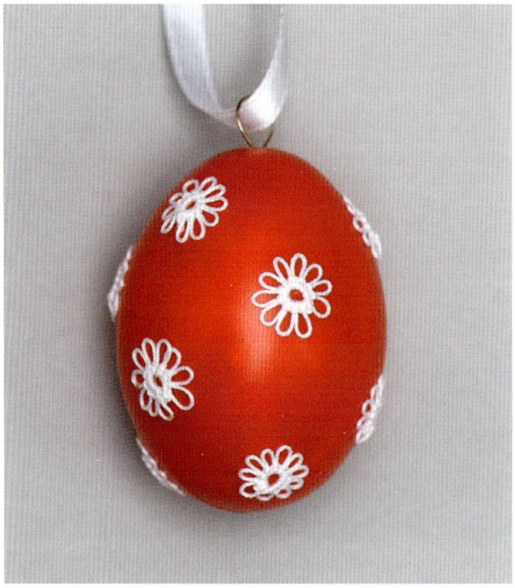

BLÜTEN

Material: 1 Schiffchen; Baumwolle Nr. 15; 1 Ei; 1 Aufhänger mit Seidenband.

Ausführung: Für ein Ei sind 12 Blüten mit je 10 Ösen zu knüpfen.
Mit einem Doppelknoten beginnen, den folgenden Rechtsknoten knüpfen. Ihn bis auf 3 mm heranschieben, einen Linksknoten arbeiten und erst dann die beiden Knoten an den vorhergehenden Doppelknoten schieben.
So entsteht eine Öse.

Diesen Vorgang 9 x wiederholen und die Blüte ist somit entstanden. Die Länge der Ösen kann je nach Wunsch kürzer oder länger gearbeitet werden.

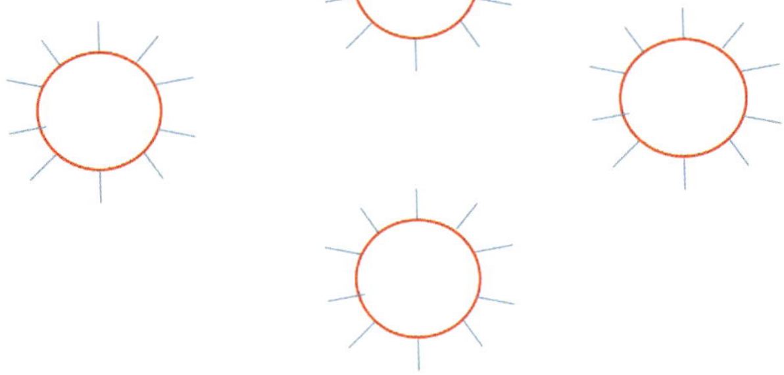

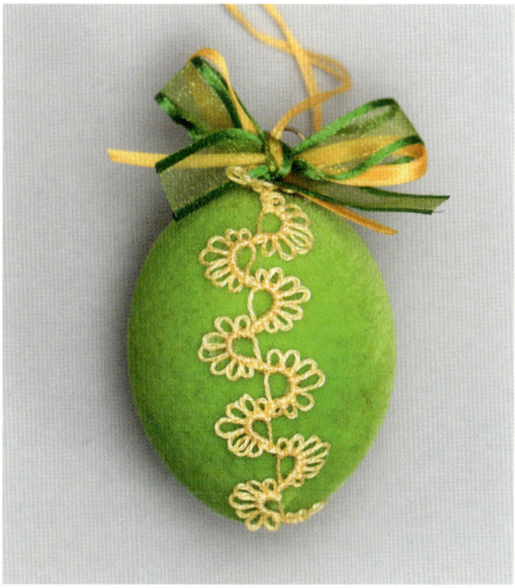

ÖSENBORTE

Material: 1 Schiffchen; Perlgarn Nr. 8; 1 Samtei;
1 Aufhänger mit Seidenband

Ausführung: Mit einem Doppelknoten beginnen und 7 Ösen in verschiedenen Größen arbeiten.
Mit einem Doppelknoten enden und den Ring nicht ganz zusammenziehen.
Die Arbeit wenden und den gleichen Vorgang so lange wiederholen, bis die erwünschte Länge der Borte erreicht ist.

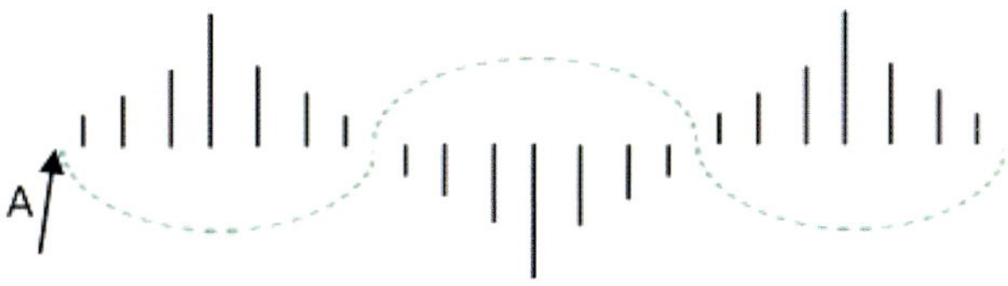

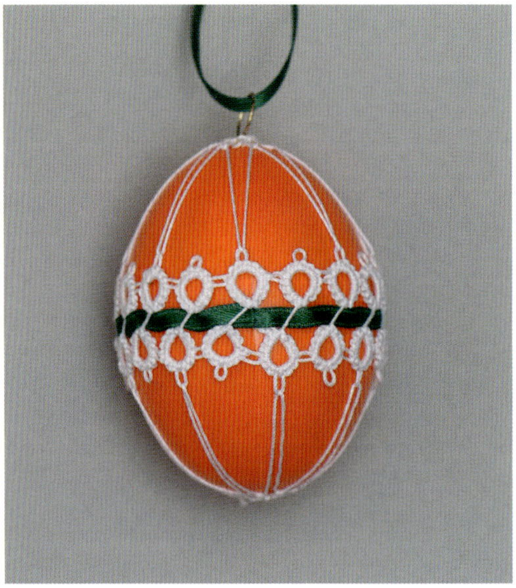

EI MIT BAND

Material: 1 Schiffchen; Baumwolle Nr. 15; 1 Ei; 1 Seidenband; 1 Aufhänger mit Seidenband.

Ausführung: Den 1. Ring nach Zeichnung knüpfen.
Dann den Ring zu sich drehen, den gewünschten Abstand fixieren und den 2. Ring nach Zeichnung arbeiten.
Diesen Vorgang so oft wiederholen, bis die gewünschte Länge erreicht ist.
Mit einem Knoten schließen und das Seidenband durchziehen.
Für das Spannen der Fäden müssen zuerst 2 Ösenringe geknüpft werden, die oben und unten am Ei befestigt werden.

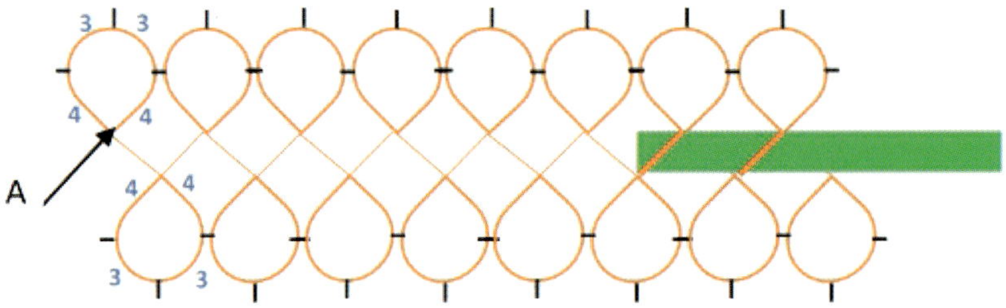

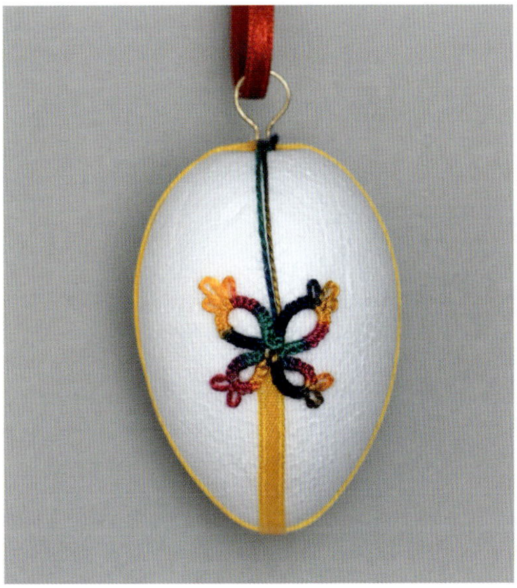

EI MIT SCHMETTERLING

Material: 1 Schiffchen; meliertes Perlgarn Nr. 8;
1 Aufhänger mit Seidenband

Ausführung: Nach den angegebenen Buchstaben in der Reihenfolge (a, b, c, d) knüpfen.
Den Anfangs- und Endfaden länger lassen, so kann man das Ei verzieren.

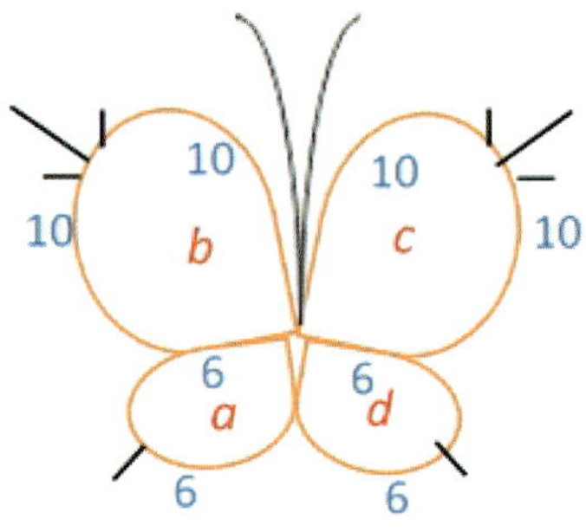

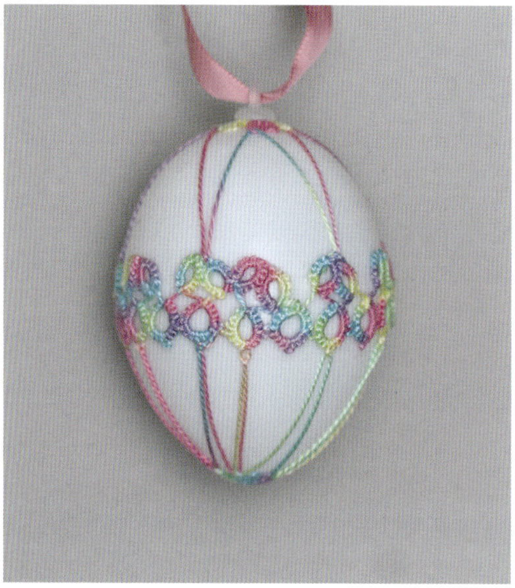

ELFENEI

Material: 1 Schiffchen; meliertes Perlgarn Nr. 8;
1 Ei; 1 Seidenband.

Ausführung: Den 1. Ring nach Zeichnung knüpfen, dann den Ring zu sich drehen, den gewünschten Abstand fixieren und den 2. Ring arbeiten.
Wieder die Arbeit drehen, nach 5 Doppelknoten anhängen und nach Zeichnung diesen 3. Ring beenden.
Der 4. Ring wird mit dem 2. verbunden.
Dieser Vorgang (1, 2, 3, 4) so oft wiederholen, bis die gewünschte Länge erreicht ist.

Dieses Zeichen zeigt, wo die Spannfäden einzuhängen sind.
Auf den Ösenring oben und unten nicht vergessen.

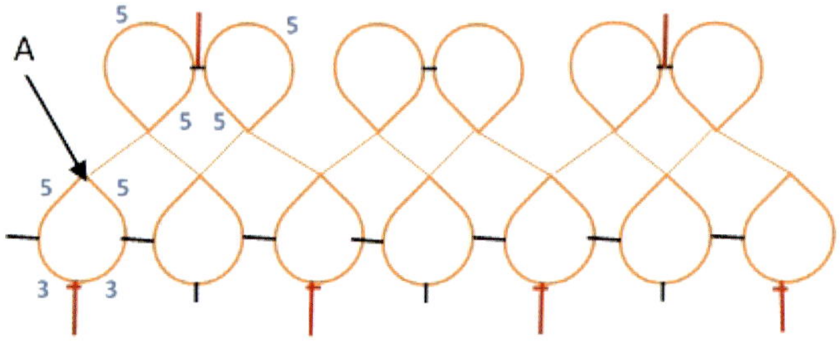

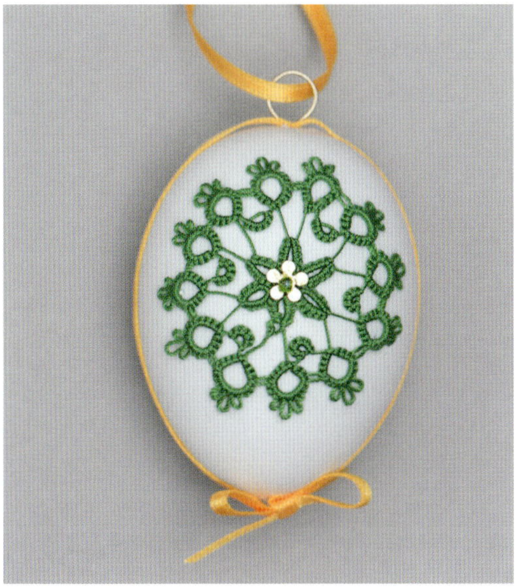

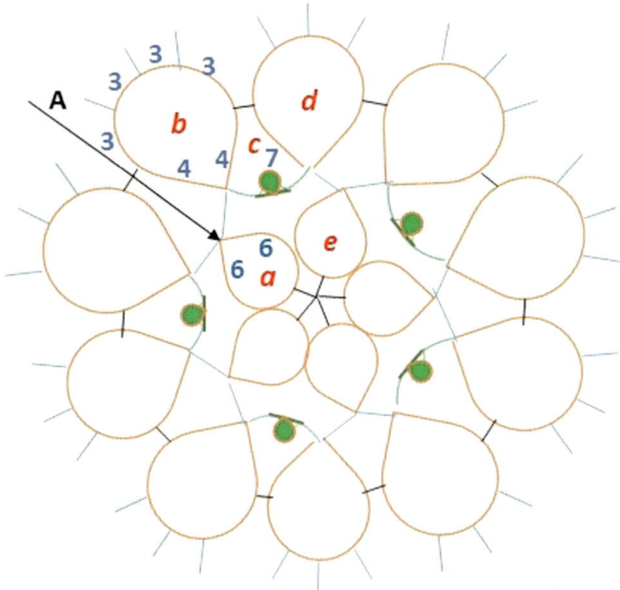

JOSEFINENKNOTEN

Material: 1 Schiffchen; Baumwolle 50; 1 Ei;
1 Aufhänger mit Seidenband.

Ausführung: Bei **A** mit 6 Doppelknoten, Öse, 6 Doppelknoten beginnen. Ring schließen.
Arbeit wenden (W) und Ring **b** knüpfen.
Arbeit wieder wenden, (**c**) Josefinenknoten knüpfen. Dieser besteht aus 7 nacheinander aufgereihten Rechtsknoten.
Zusammenziehen, die Arbeit NICHT wenden. Ring **d** arbeiten.
Nun wieder wenden und Ring **e** bis zur Mitte arbeiten, an der Öse von Ring **a** anhängen, 6 Doppelknoten arbeiten und Ring schließen.
Nach Zeichnung weiterarbeiten.

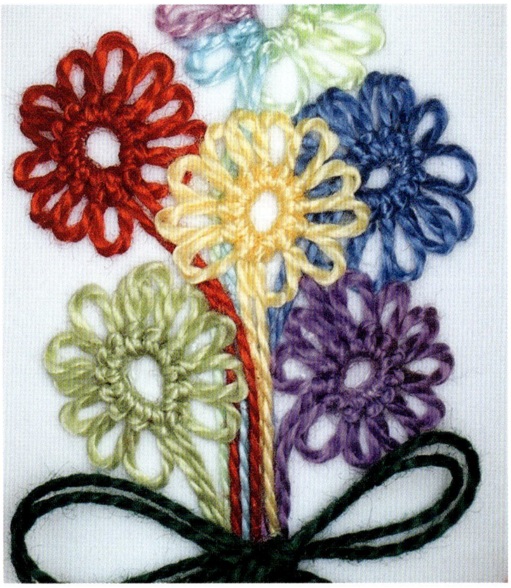

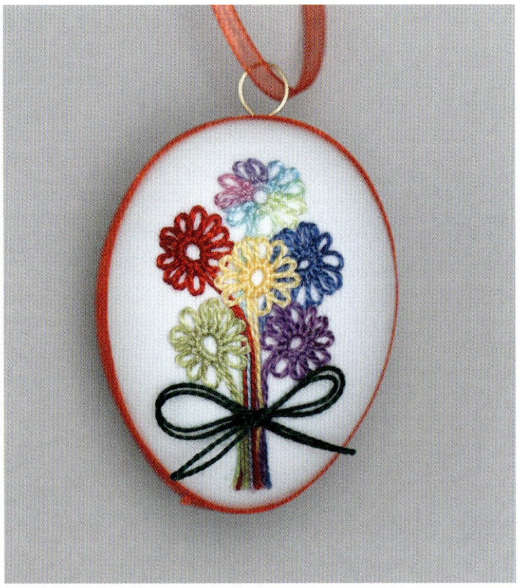

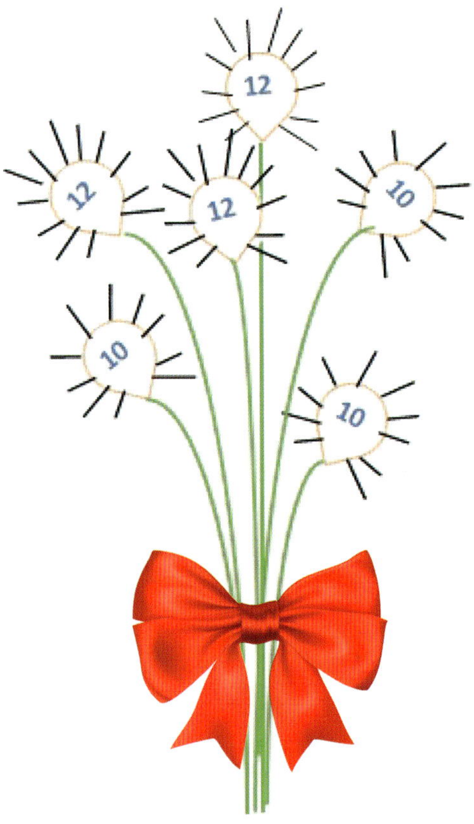

BLUMENSTRAUSS

Material: 1 Schiffchen; Perlgarn Nr. 8 in verschiedenen Farben.
1 Ei; 1 Aufhänger und Seidenband.

Ausführung: 6 Ringe mit 10–12 Ösen.

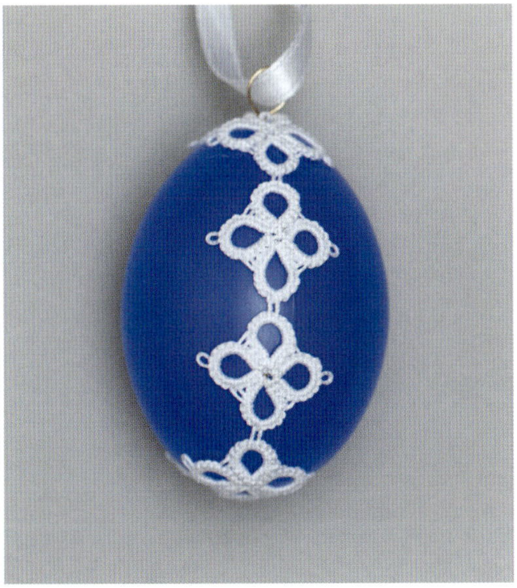

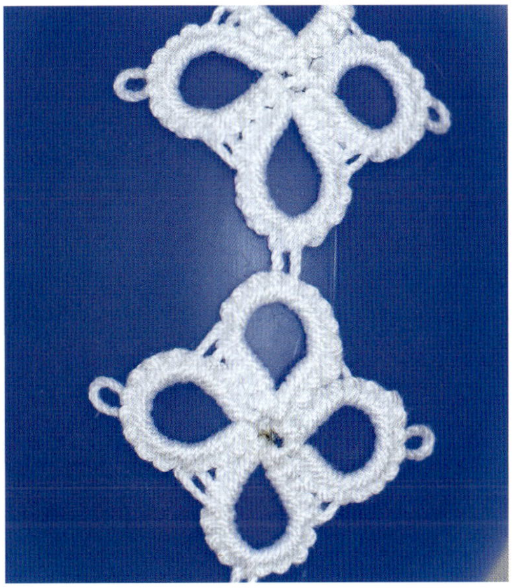

BLÜTENBAND

Material: 1 Schiffchen; Baumwolle Nr. 15; 1 Ei; 1 Aufhänger mit Seidenband.

Ausführung: Bei **A** beginnen und 3 Ringe nach Anleitung knüpfen. Den 4. Ring bis zum Anhängen am 1. Ring (erste Öse) arbeiten. Die 3 Ringe leicht nach hinten falten, den Knüpffaden nach vorne holen, an der Öse anhängen und den Ring mit 4 Doppelknoten beenden. Anfang- und Endfaden verknüpfen. Die erste Blüte ist fertig. Jede weitere Blüte wird einmal mit der vorderen Blüte verbunden. Für ein mittelgroßes Ei sind 8 Blüten zu knüpfen.

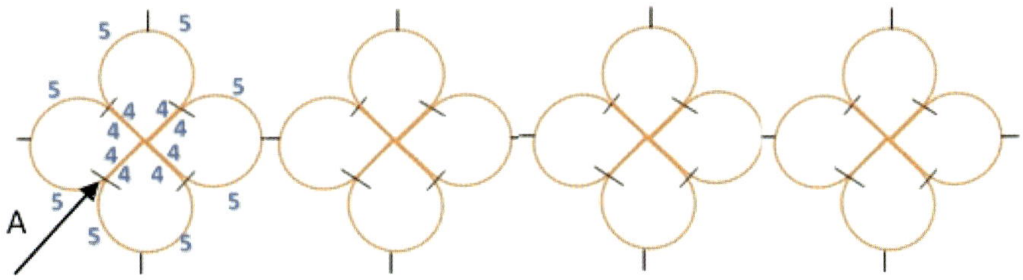

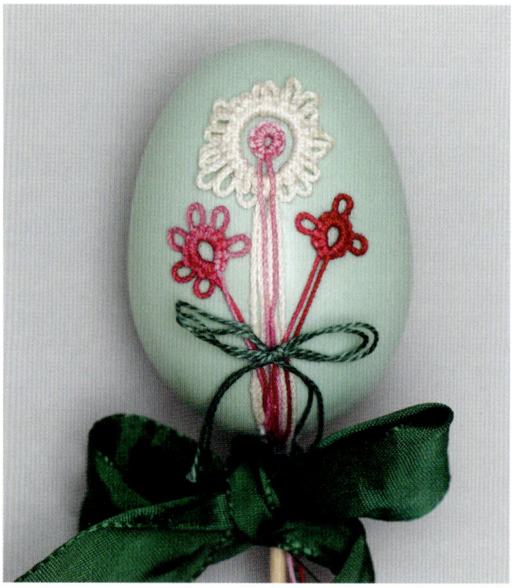

MASCHENEI

Material: 1 Schiffchen; 1 Ei; 1 Stäbchen und Seifenband.
Große Blume: Perlgarn Nr. 5.
Mitte der großen Blume und die zwei kleinen Blumen: Perlgarn Nr. 8.

Ausführung: siehe Zeichnung.

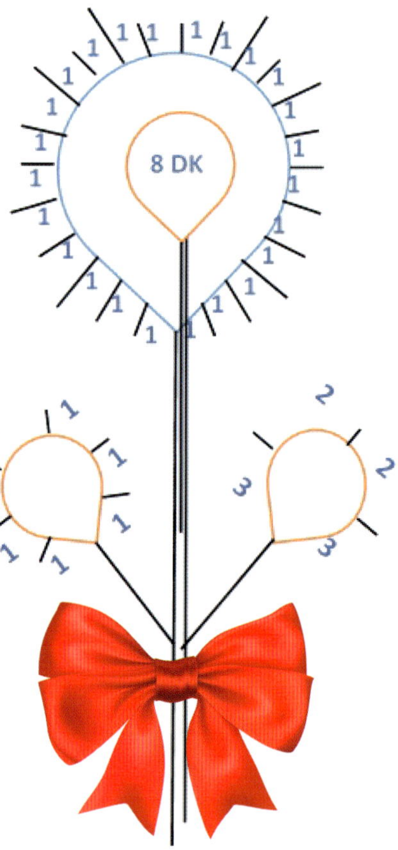

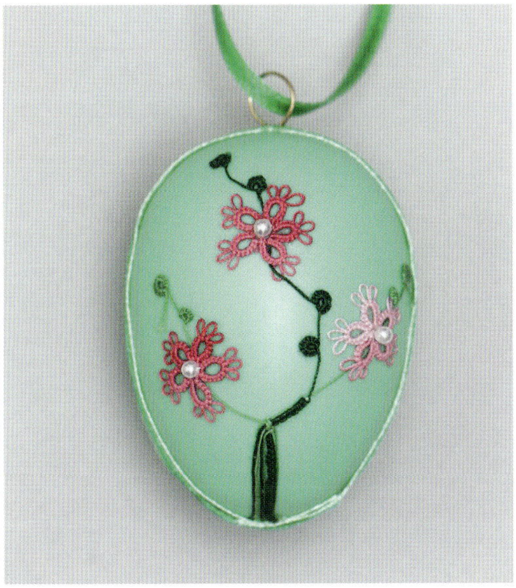

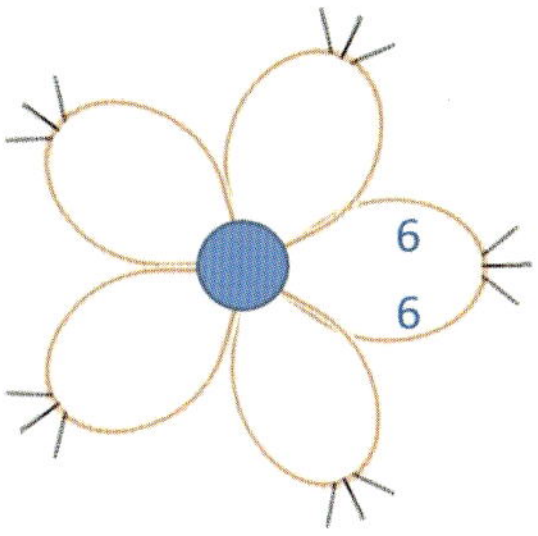

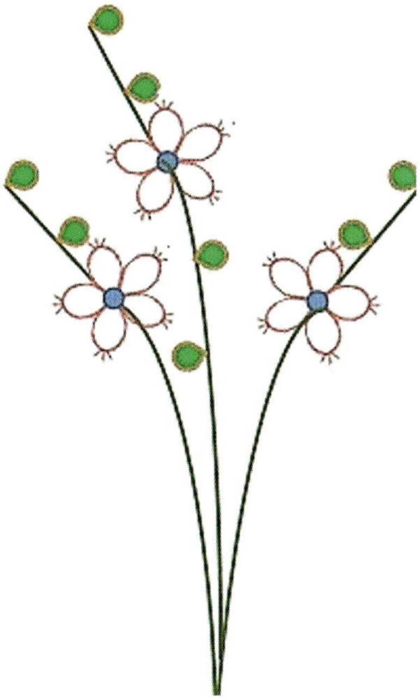

BLÜTENEI MIT JOSEFINENKNOTEN

Material: 1 Schiffchen; Baumwolle 80; Farbe nach Wahl
3 Perlen; Seidenband; 1 Ei

Ausführung: Blüte: siehe Zeichnung
Der Josefinenknoten (hier ) wird nur aus Rechtsknoten gemacht. Mit Garn Baumwolle 80 sind zwischen 12 und 14 Rechtsknoten erforderlich.

Weit zieht der Winter sich zurück,
es grünen Busch und Bäume.
Das Lied der Nachtigall heisst Glück
im Glanz der Frühlingsträume.

Natur uns schon erahnen lässt
was wir bald nicht mehr missen
und weisend auf das Osterfest
blühen leuchtendgelb Narzissen.

Anita Menger

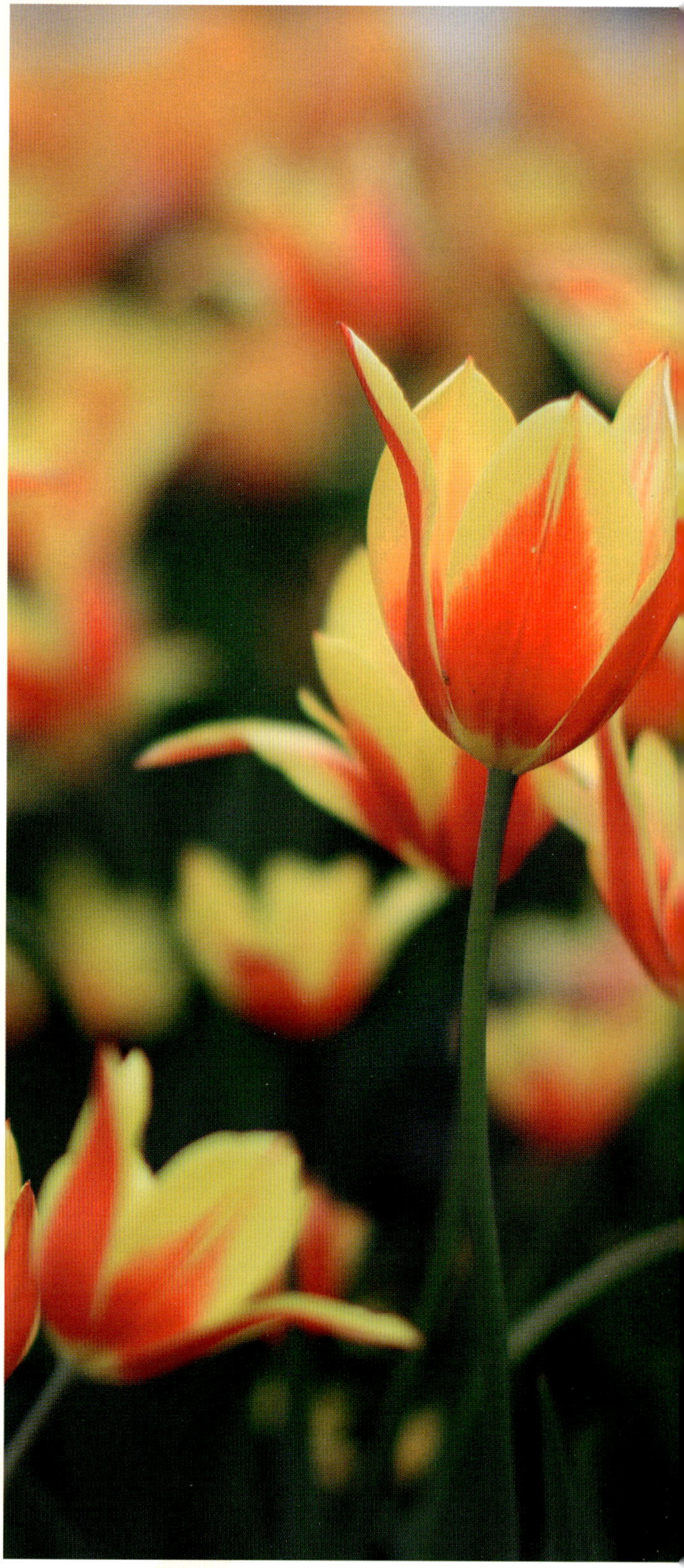

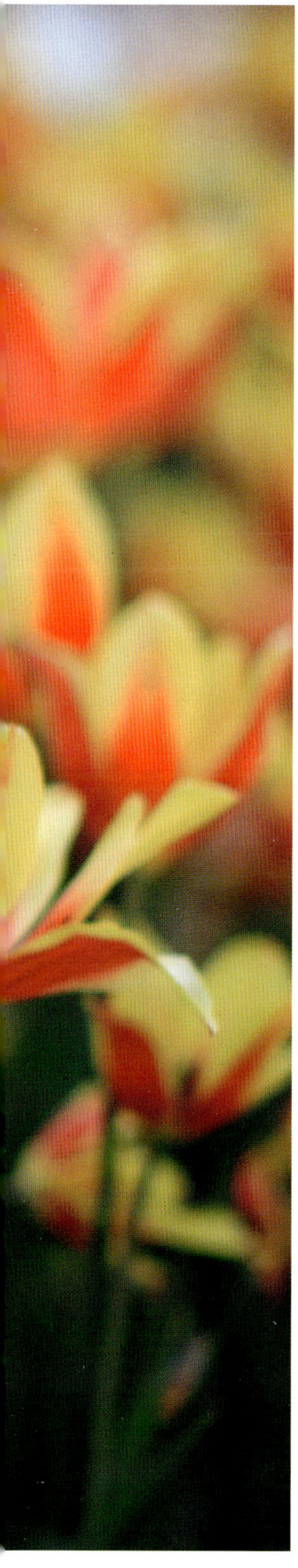

ARBEITEN

mit zwei Schiffchen

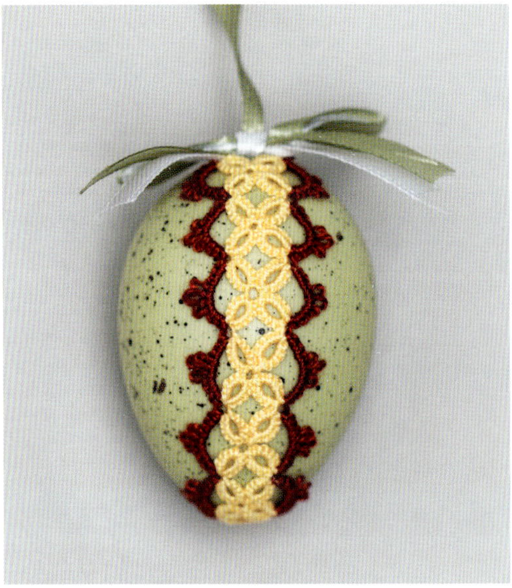

BAND MIT ZWEI SCHIFFCHEN

Material: 2 Schiffchen; Perlgarn Nr. 8, Farbe nach Wahl;
1 Ei; Seidenband Blumen: Perlgarn Nr. 8.

Ausführung: Diese Borte arbeitet man in zwei Arbeitsschritten.
Die erste Reihe knüpfen, siehe Zeichnung.
Dann die zweite Reihe mit den Anhängen der Ringe arbeiten.

Erste Reihe

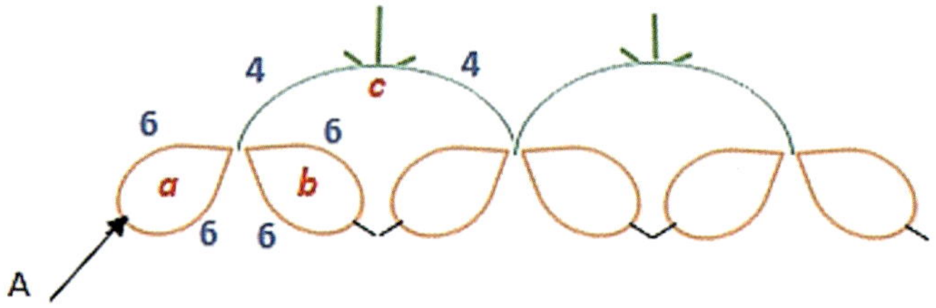

Zweite Reihe

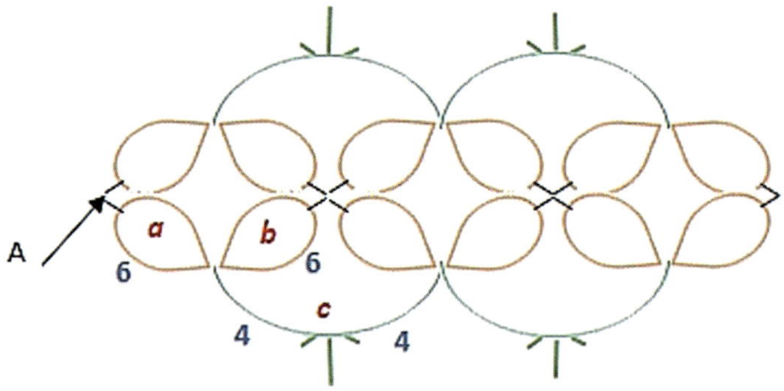

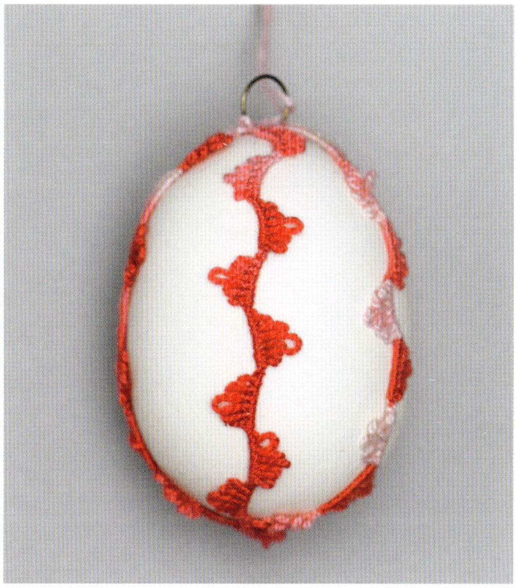

BORTE NUR MIT BOGEN

Material: 2 Schiffchen; Perlgarn Nr. 8 meliert; 1 Aufhänger mit Seidenband

Ausführung: Diese Borte arbeitet man nur mit Bögen.
Bei A mit einem Doppelknoten (x) beginnen und 5 Ösen in verschiedenen Größen knüpfen. Mit einem Doppelknoten enden.
Die Arbeit wenden, den gleichen Vorgang so lange wiederholen, bis die erwünschte Länge erreicht ist.
Zwei gleich lange Borten schmücken das Ei.

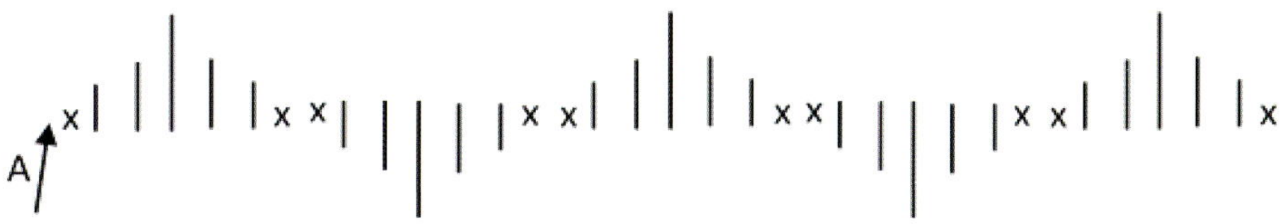

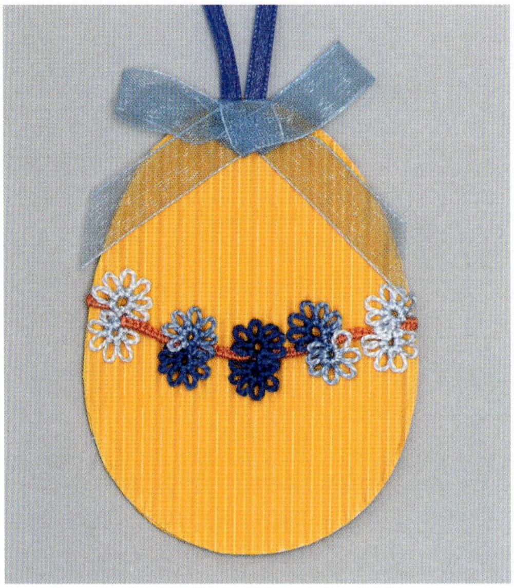

OSTEREI MIT MASCHE

Material: 2 Schiffchen; Perlgarn Nr. 8 meliert; Wellenpapier; Bänder für Aufhänger und Masche; Klebstoff

Ausführung: siehe Zeichnung. Wenden nicht vergessen.

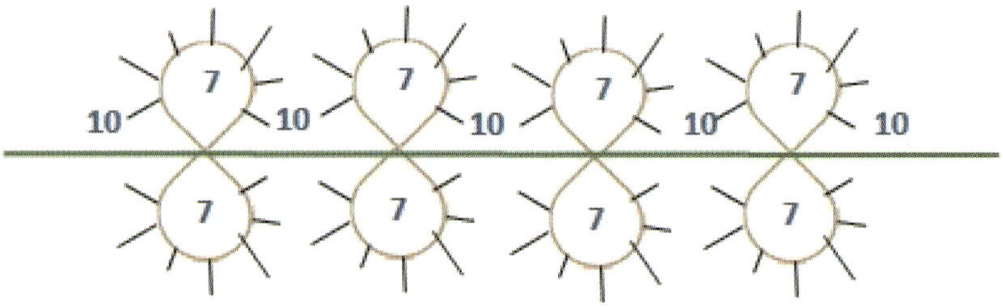

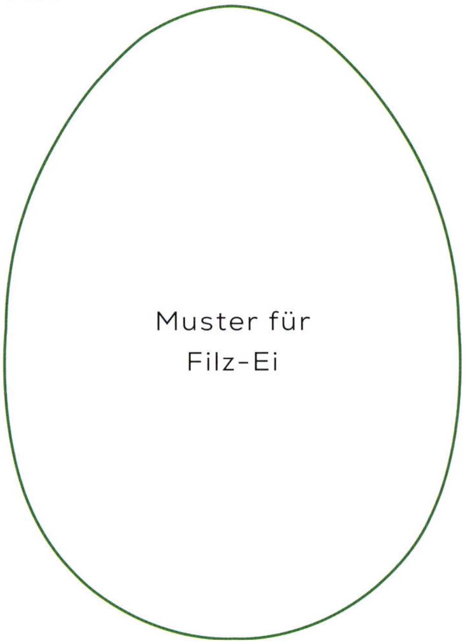

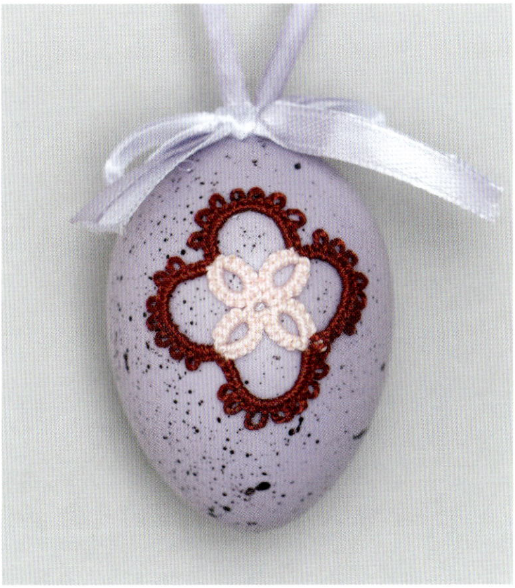

QUADRATISCHES MOTIV

Material: 2 Schiffchen; Perlgarn Nr. 5 und 8;
1 Ei und Seidenband

Ausführung: Man beginnt dieses Motiv mit dem Ring mit Perlgarn Nr. 5.
Mit Perlgarn Nr. 8 wird der Bogen weitergeknüpft bis zum nächsten Ring.
Nach 6 Doppelknoten in die Öse des ersten Ringes einhängen, 6 Doppelknoten arbeiten und den Ring schließen.
Das Motiv nach Zeichnung beenden.

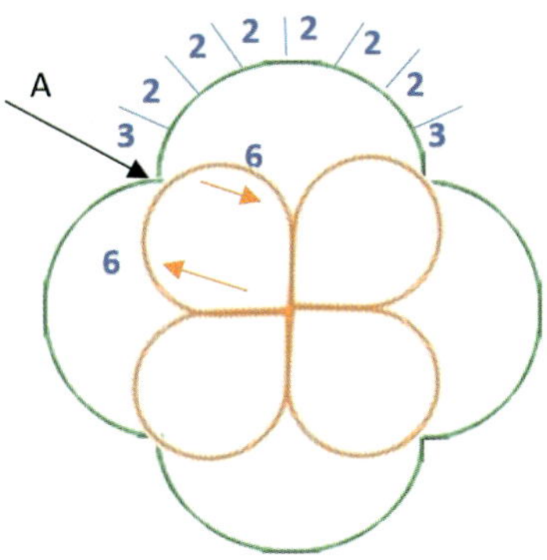

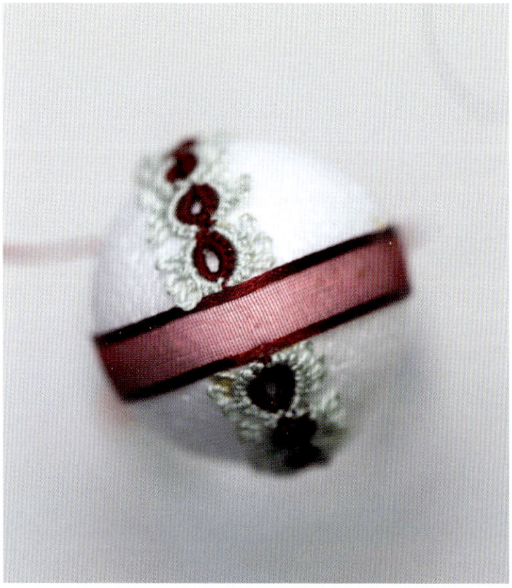

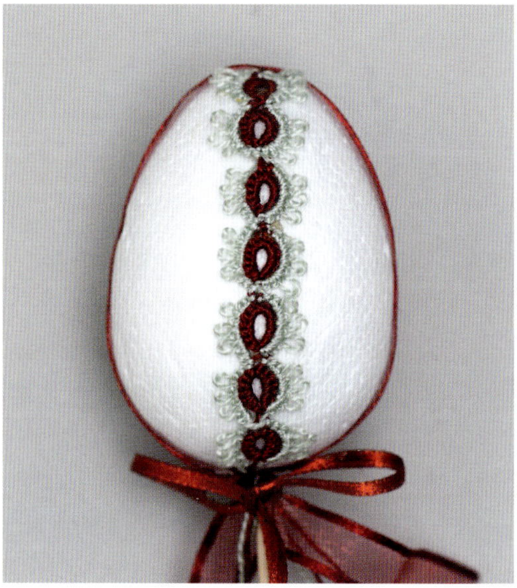

EI AUF STAB

Material: 2 Schiffchen; Perlgarn Nr. 8, 2 Farben nach Wahl, 1 Styropor-Ei; 1 Seidenband, 1 cm breit; 1 Stäbchen.

Ausführung: Mit dem Ring (7 Doppelknoten, Öse, 7 Doppelknoten beginnen und darüber den Bogen nach Zeichnung knüpfen. So oft wiederholen, bis die Länge um das Ei erreicht ist.
Bei der Rückreihe wird nur der Bogen geknüpft.
Anfangs- und Endfaden zusammenfassen.
Mit dem Seidenband abschließen und eine Masche binden.

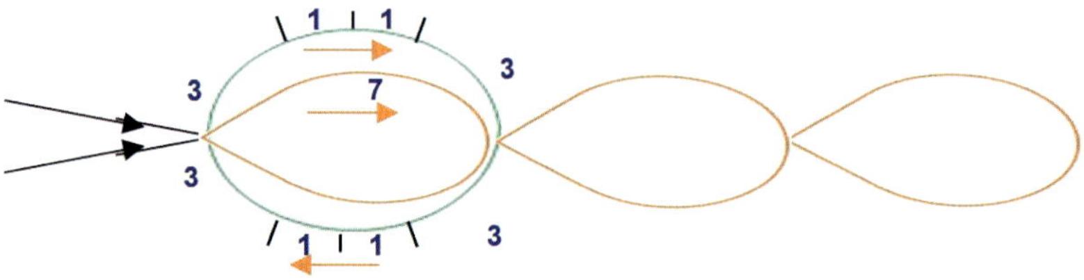

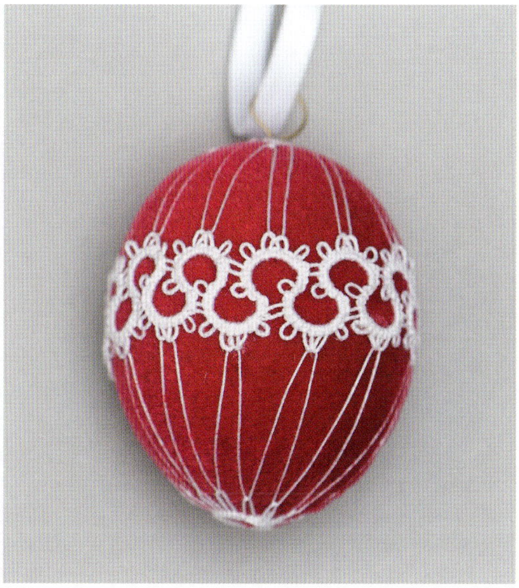

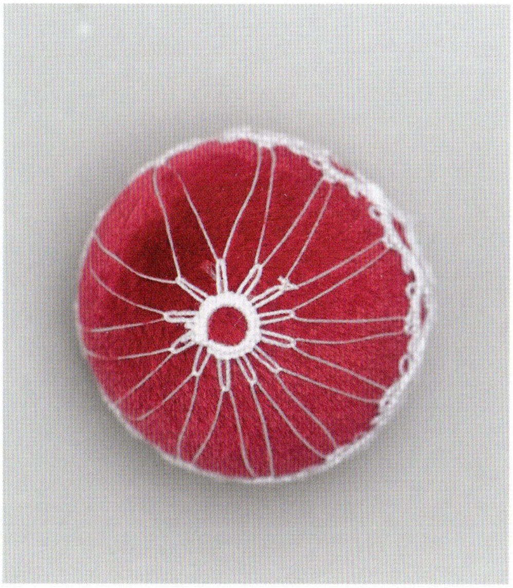

BORTE MIT BOGEN

Material: 2 Schiffchen; Perlgarn Nr. 8;
1 Ei; 1 Aufhänger mit Seidenband.

Ausführung: Die Borte besteht nur aus Bögen.
Nach 6 Ösen die Arbeit drehen, Schiffchen wechseln und an der 2. Öse des vorhergehenden Bogens anhängen. Dies so oft wiederholen, bis die gewünschte Länge erreicht ist.

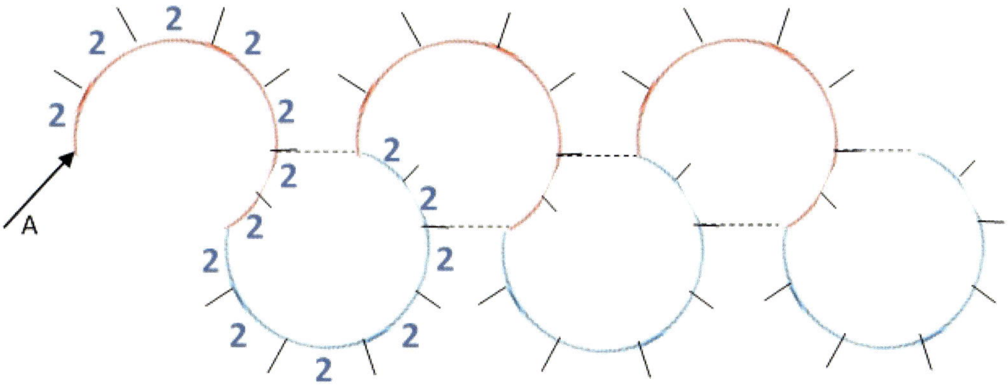

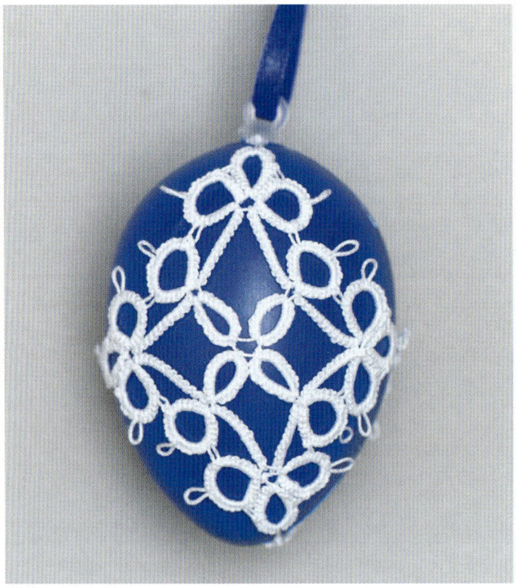

ANGELIKA

Material: 2 Schiffchen; Baumwolle 20 oder 30;
1 Ei; 1 Aufhänger und Seidenband.

Ausführung: Man beginnt bei **A**.
Siehe Zeichnung für die Reihenfolge a, b, c, d, e, f, g

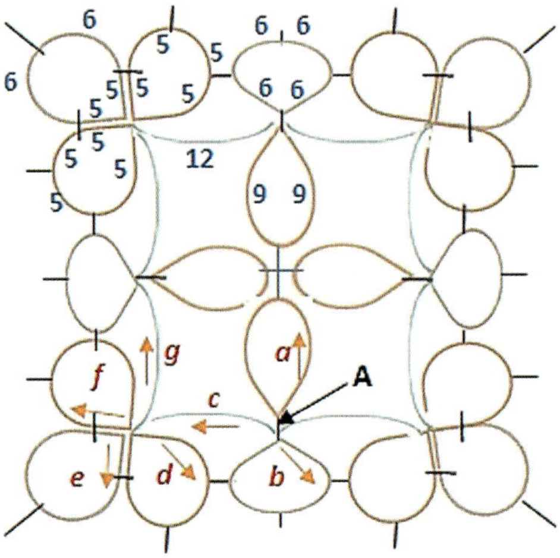

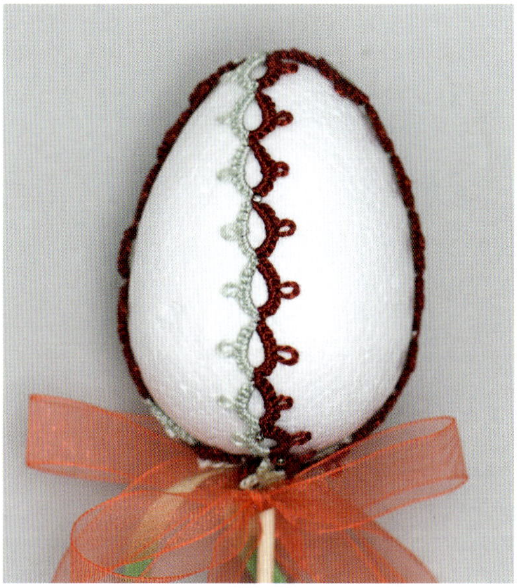

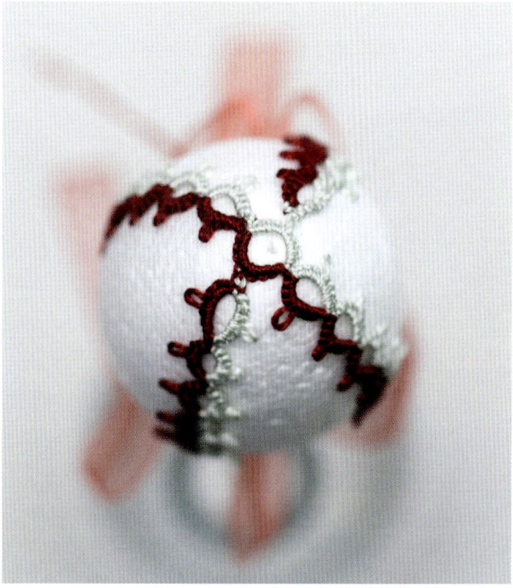

EI AUF STÄBCHEN MIT OCCHI VERKEHRT

Material: 2 Schiffchen; Perlgarn Nr. 8; Farbe nach Wahl; 1 Styropor-Ei; 1 Stäbchen; 1 Seidenmasche

Ausführung: Mit dem 1. Schiffchen 4 Doppelknoten arbeiten.

Occhi verkehrt: Die Hand aus den Knüpffadenringe ziehen. Die Hand von oben wieder in die Knüpffadenringe stecken, mit dem 2. Schiffchen 4 Doppelknoten verkehrtarbeiten.

Bei Occhi verkehrt beginnt man mit dem Linksknoten und arbeitet dann den Rechtsknoten.

Wichtig: Der Knüpffadenring muss immer gespannt bleiben und die Knoten schauen nach unten.

Ist die Anzahl der Knoten gearbeitet, zieht man den Ring mit dem 1. Schiffchen zusammen.

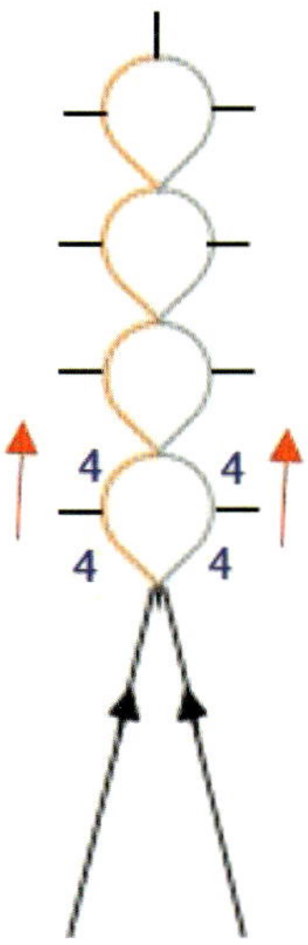

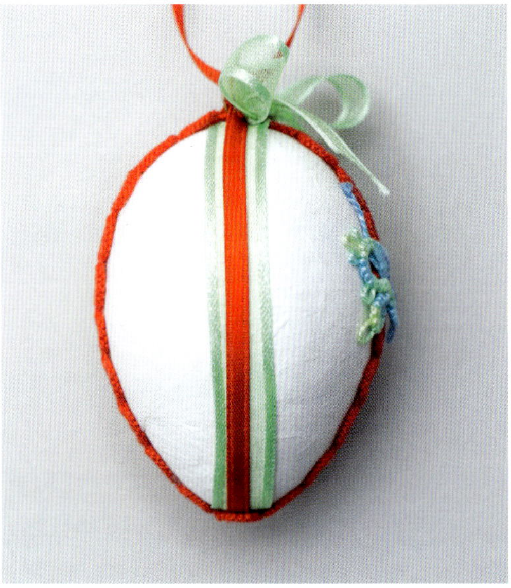

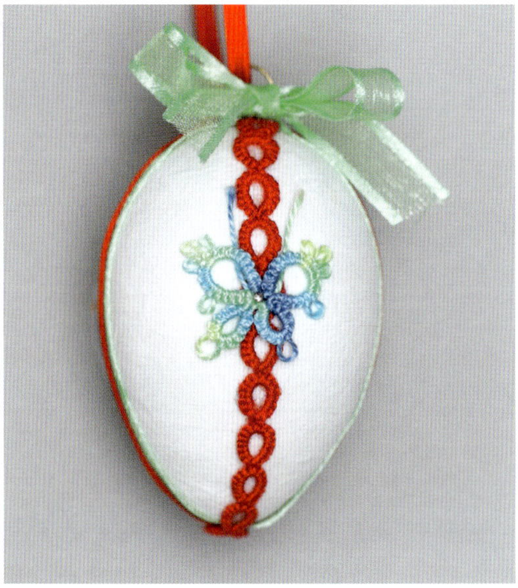

EI MIT OCCHI VERKEHRT UND SCHMETTERLING

Material: 2 Schiffchen; Perlgarn Nr. 8 rot und hellblau meliert; 1 Styropor-Ei; Aufhänger und ein schmales und ein breites Band

Ausführung:

Band: Mit Occhi verkehrt arbeiten (siehe Ei auf Stäbchen mit Occhi verkehrt, S. 33).
Bei Occhi verkehrt beginnt man mit dem Linksknoten und arbeitet dann den Rechtsknoten.

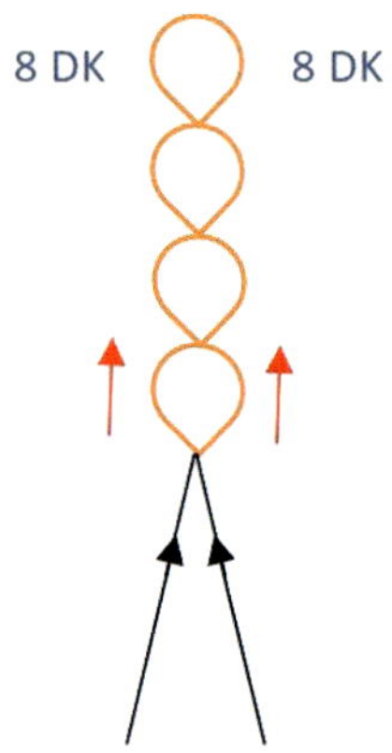

Wichtig: Der Knüpffadenring muss immer gespannt bleiben und die Knoten schauen nach unten.

Schmetterling: Bei a beginnen und nach Zeichnung arbeiten.
Fühler: Anfangs- und Endfaden sind die Fühler.

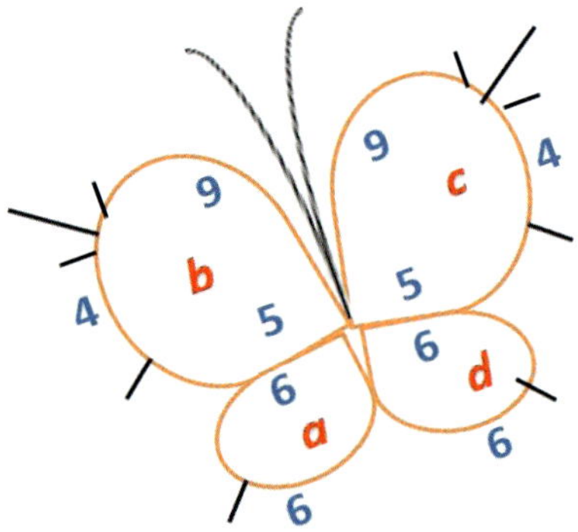

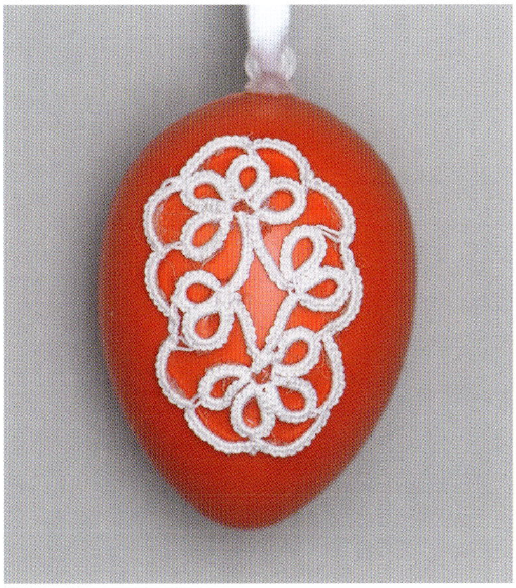

KLEINES MEDAILLON

Material: 2 Schiffchen; Baumwolle 30;
1 Ei mit Seidenband

Ausführung: Zuerst den inneren Teil bei **A** beginnen und nach Vorlage knüpfen. Bei **B** mit dem Außenrand beginnen, er besteht nur aus Bögen.

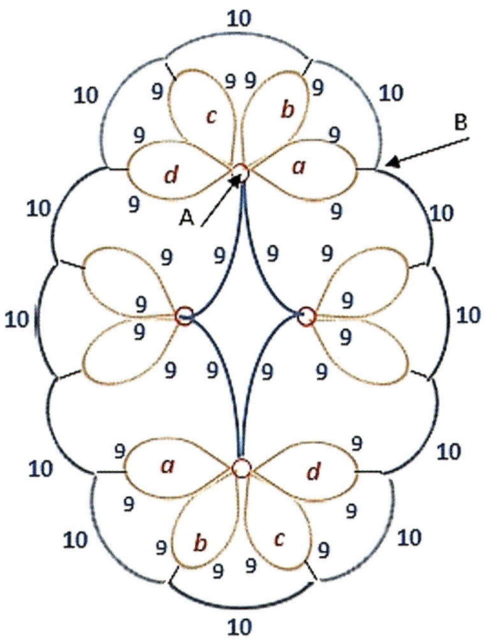

BREITE BORTE

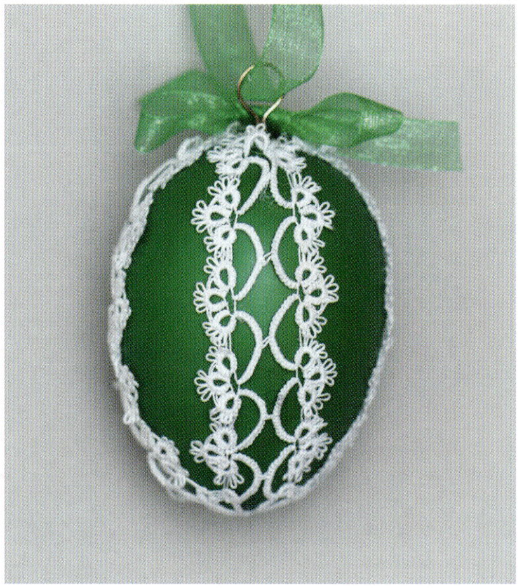

Material: 2 Schiffchen; Baumwolle 80;
1 Ei; 1 Aufhänger und 1 Seidenband

Ausführung: Bei **A** beginnen.
Verlängern je nach Größe des Eies;
mit einem Bogen schließen.

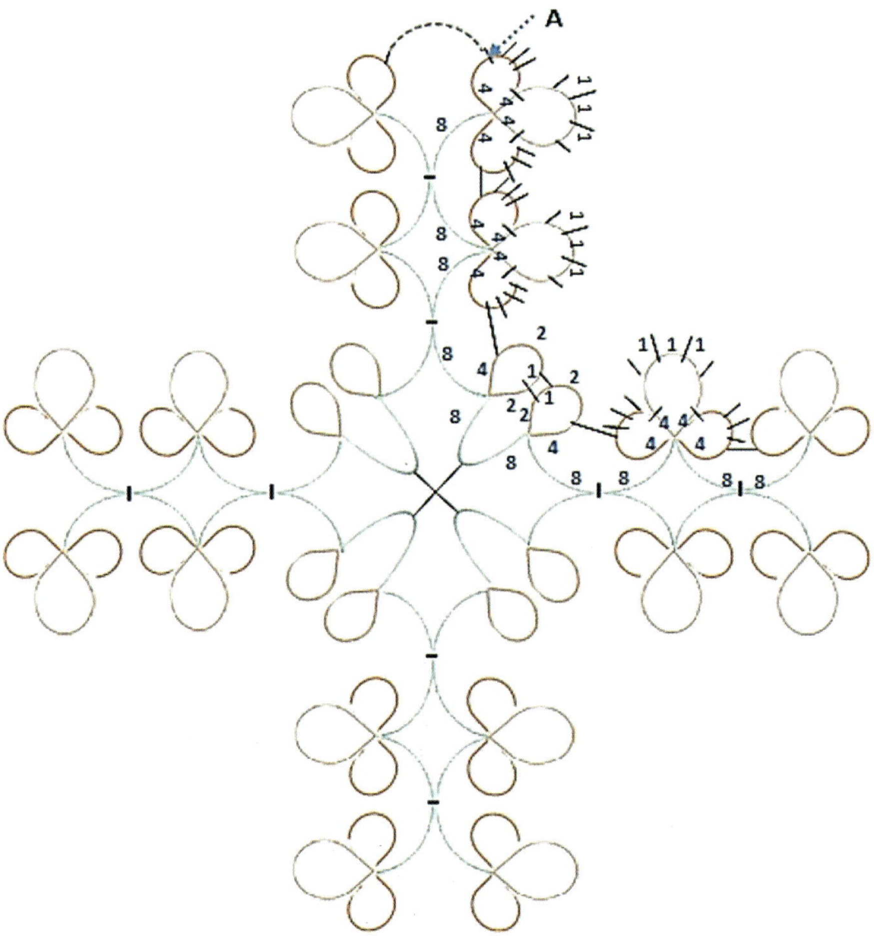

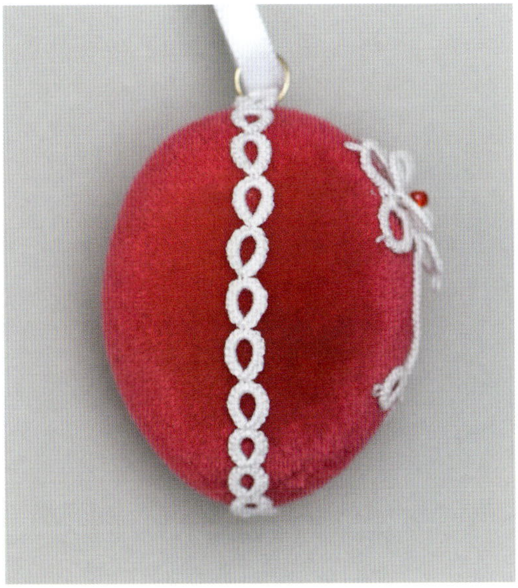

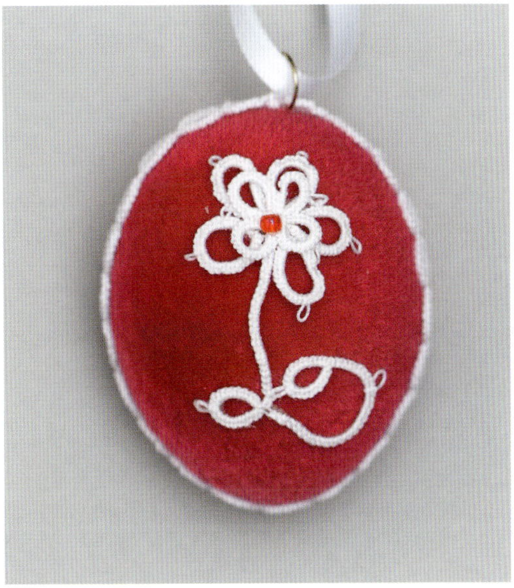

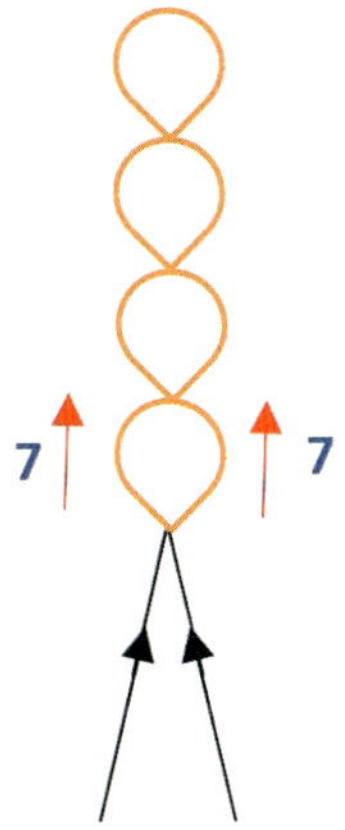

BLÜTE DREIDIMENSIONAL

Material: 2 Schiffchen; Baumwolle 50 weiß für die Blume; für die Umrandung des Eies Baumwolle 30 weiß; 1 Samt-Ei; 1 Perle; 1 Aufhänger mit Seidenband

Ausführung:

Umrandung: Mit Occhi verkehrt arbeiten. Bei **A** beginnen, der Reihenfolge a, b, c folgen und bis zur Blüte knüpfen.

Blüte 1: Reihenfolge a, b, c, d, e arbeiten und dann die Blätter knüpfen.

Blüte 2: Nach Zeichnung knüpfen, mit 2 Stichen mit Blüte 1 verbinden. Dann 1 Perle in der Mitte beider Blüten fixieren.

Umrandung: Arbeit mit Occhi verkehrt.

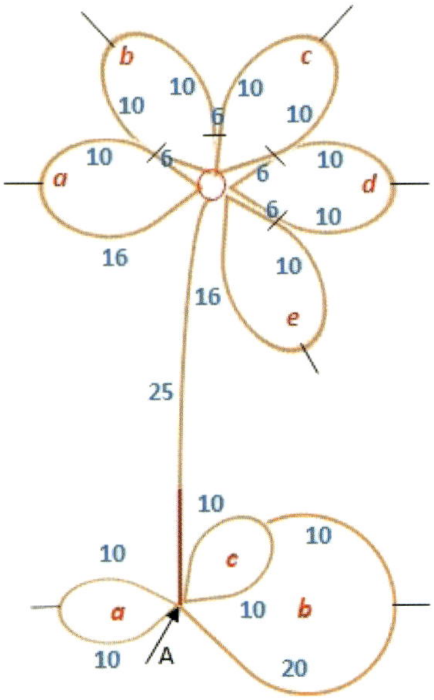

Blüte 2

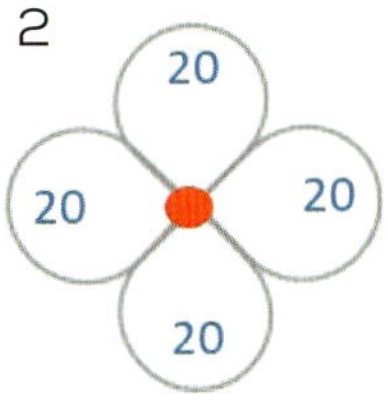

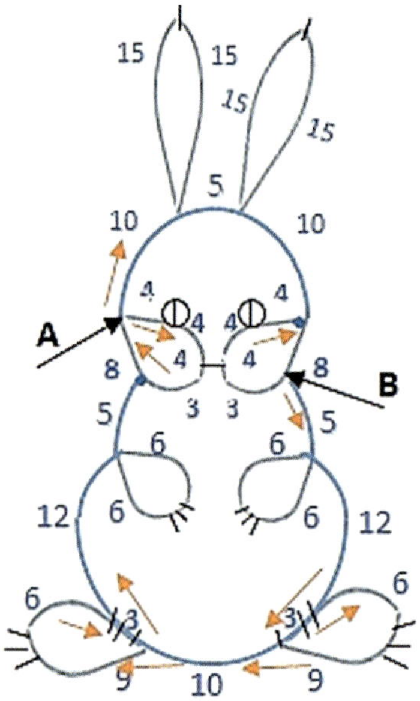

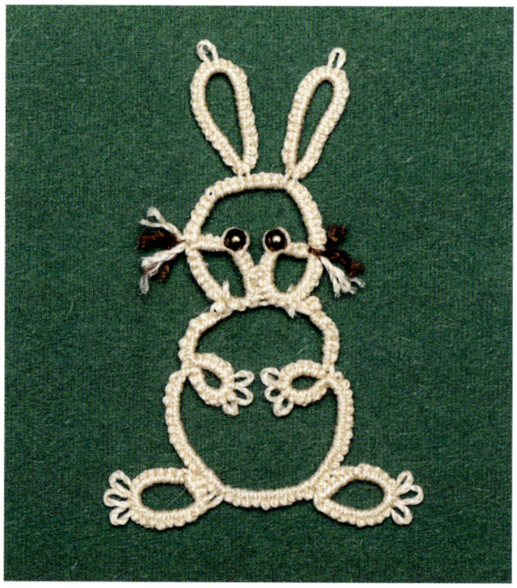

SPRINGENDER HASE

Material: 2 Schiffchen; Perlgarn Nr. 8 oder 5, je nach gewünschter Größe; 2 Perlen (2 mm) für die Augen

Ausführung: Bei **A** mit dem Kopf und den Ohren beginnen. Bei **B** für Rumpf und Pfoten beginnen.

Merken: Die 3 Ösen bei den Pfoten werden rechts am Bogen bzw. links am Ring geknüpft.

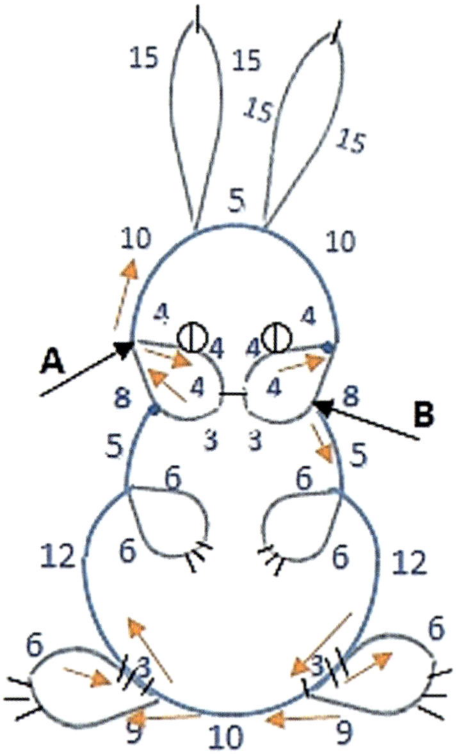

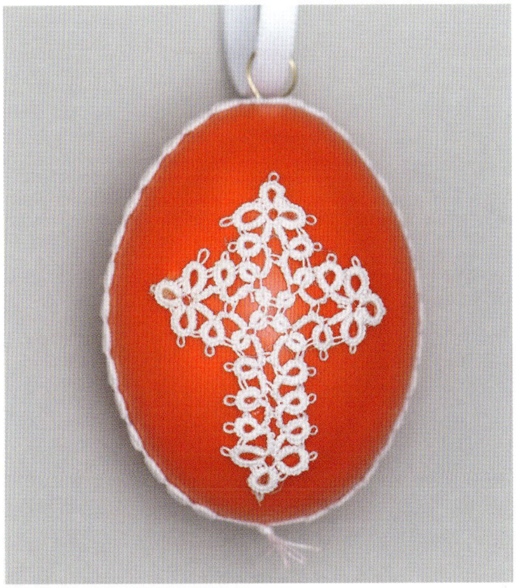

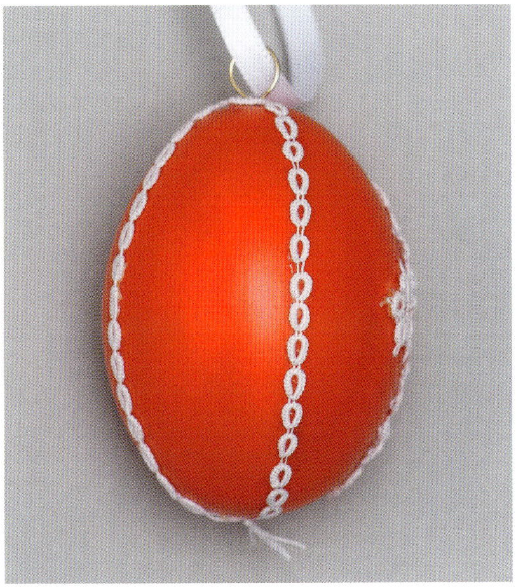

KREUZ

Material: 2 Schiffchen; Baumwolle 80; 1 Ei; 1 Aufhänger und Seidenband

Ausführung: siehe Zeichnung.
Umrandung: Band mit Occhi verkehrt.

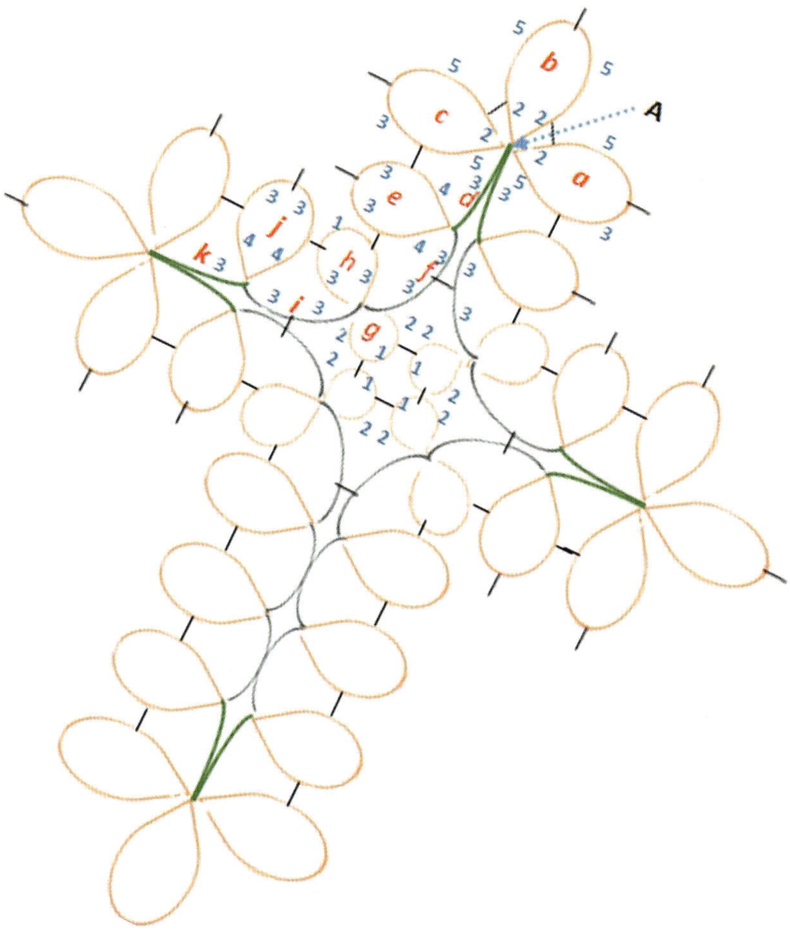

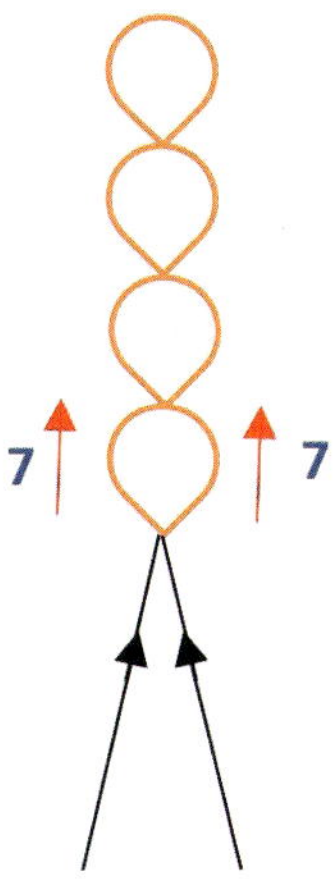

Rosa Wölkchen überm Wald
Wissen noch vom Abendrot dahinter –
Überwunden ist der Winter,
Frühling kommt nun bald.
Unterm Monde silberweiss,
Zwischen Wipfeln schwarz und kraus
Flügelt eine Fledermaus
Ihren ersten Kreis
Rosa Wölkchen überm Wald
Wissen noch vom Abendrot dahinter –
Überwunden ist der Winter,
Frühling kommt nun bald.

Christian Morgenstern

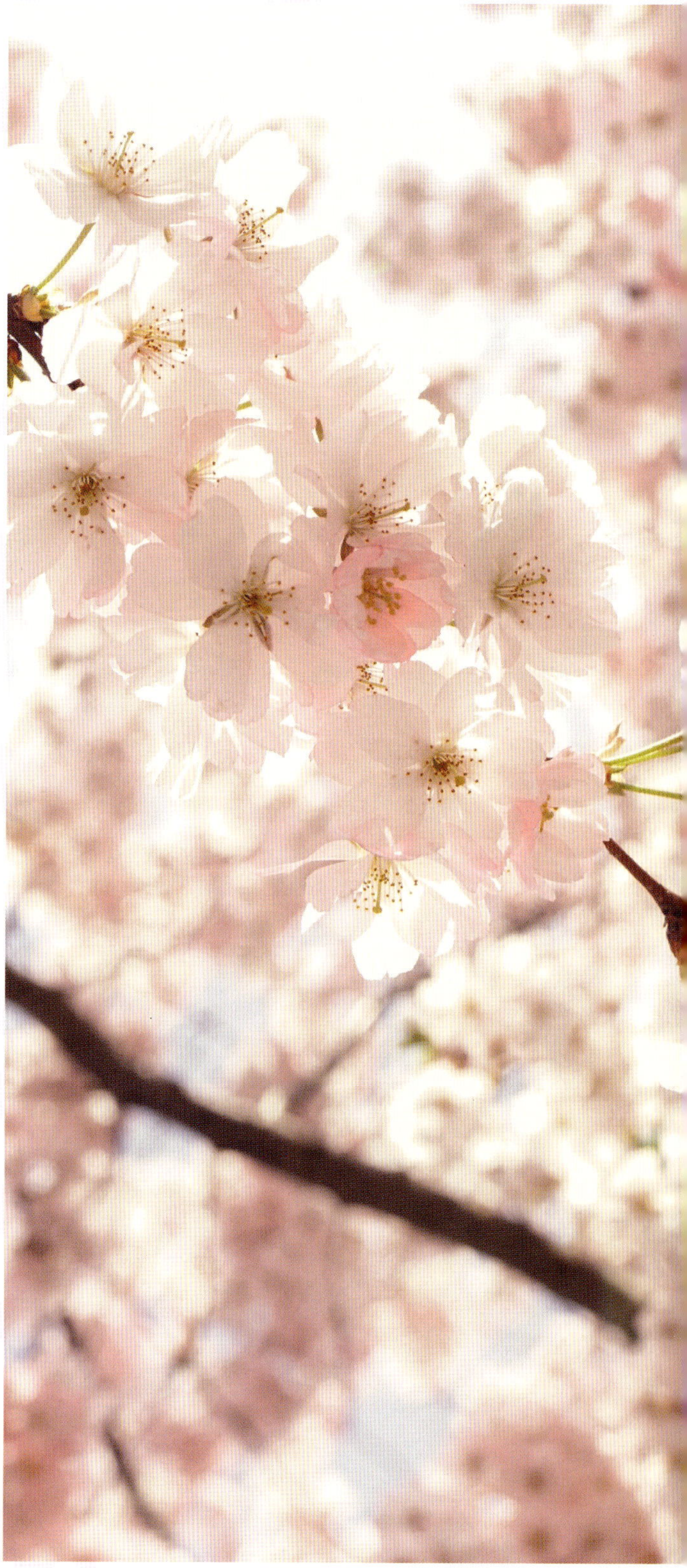

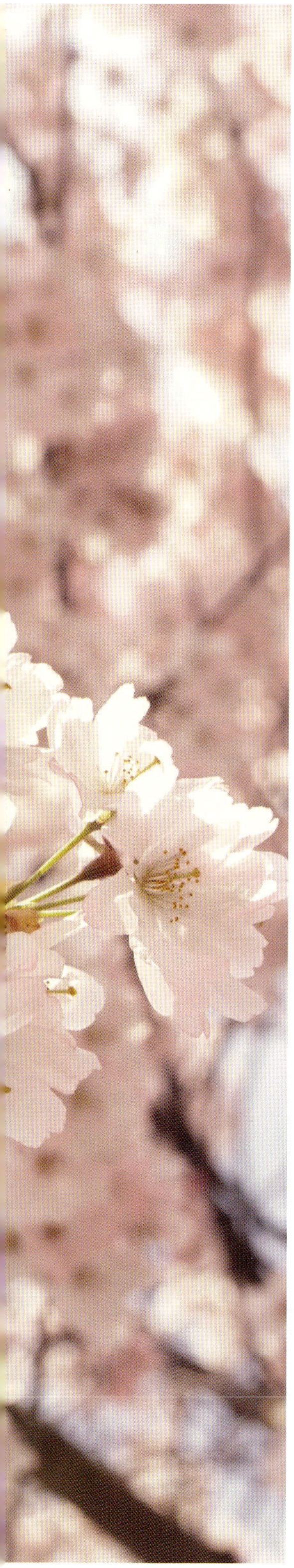

OCCHI

modern auf Eiern

DUFTIGER STRAUSS

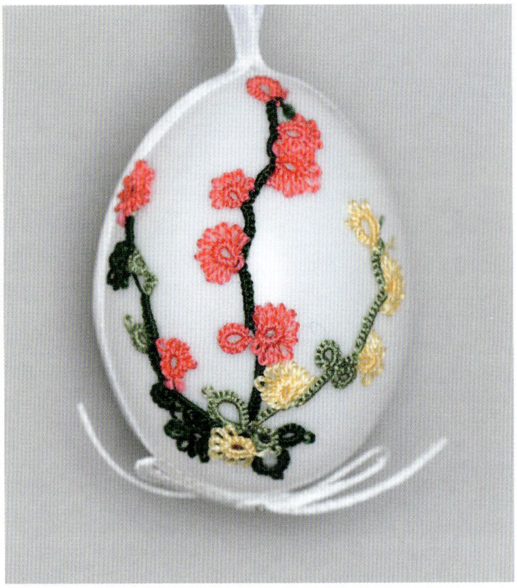

Material: 2 Schiffchen; Perlgarn Nr. 8; verschiedene Farben; 1 Seidenband mit Masche

Ausführung: 3 Zeichnungen wie folgt.

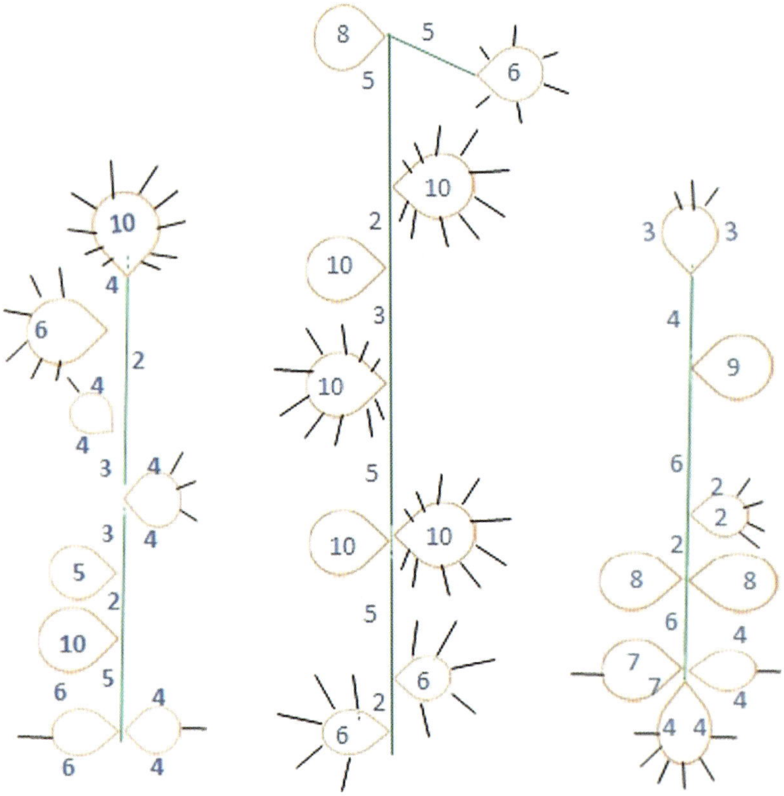

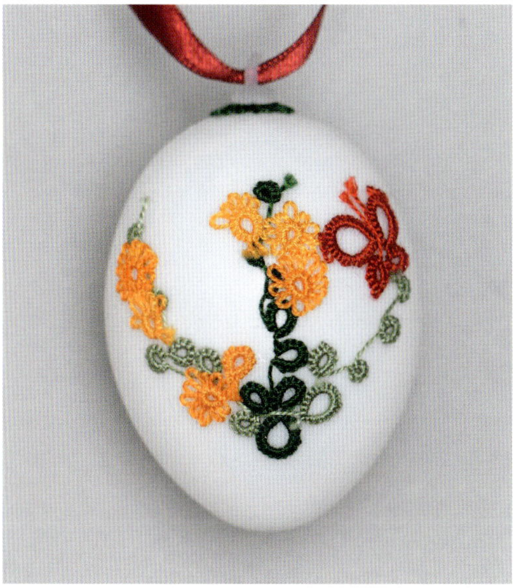

STRAUSS UND SCHMETTERLING

Material: 1 Schiffchen; Perlgarn Nr. 8 orange, hellgrün, dunkel grün, rot; 1 Ei mit Seidenband

Ausführung: Nur mit einem Schiffchen (pro Farbe) arbeiten.
Grüne Stängel und roten chmetterling zuerst knüpfen und am Ei anbringen, dann erst die gelben Blüten extra arbeiten und nach Zeichnung aufkleben.

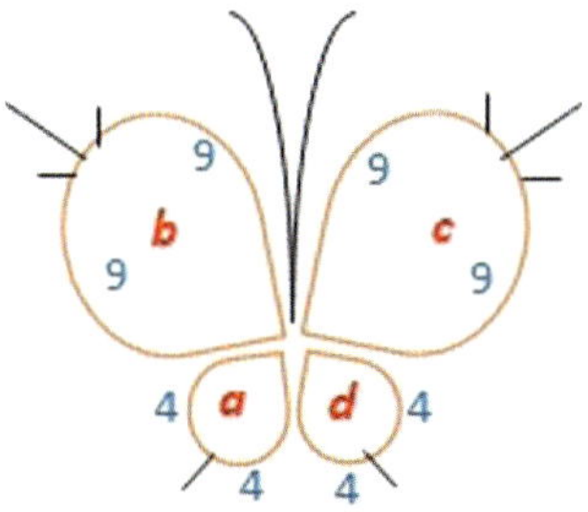

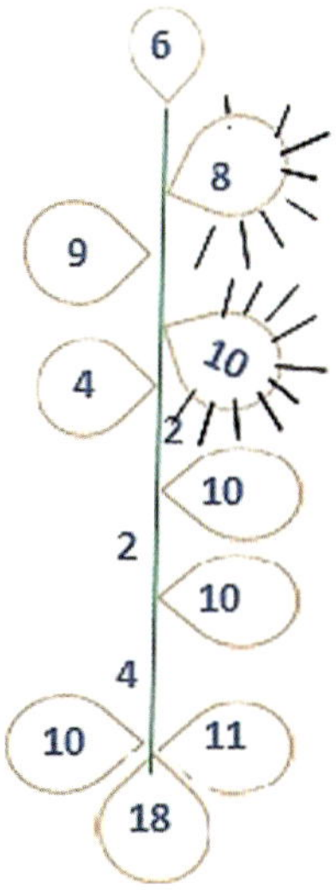

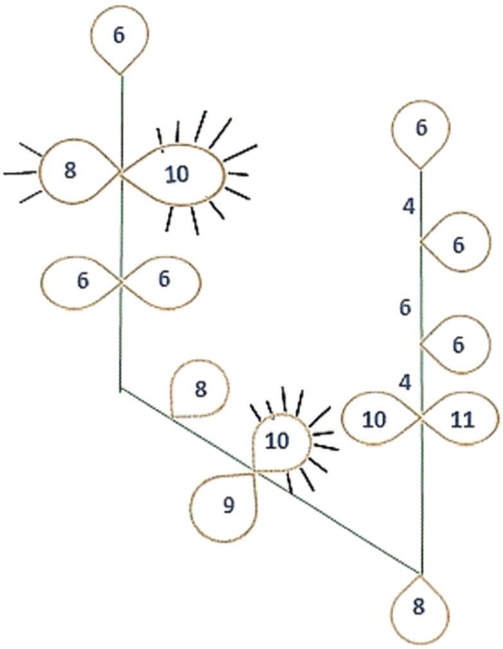

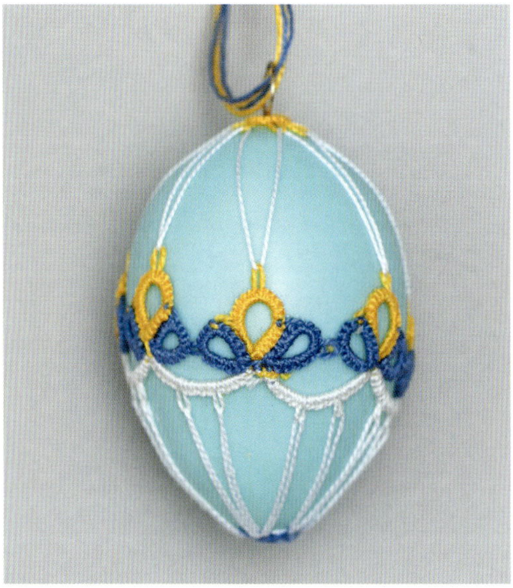

EI MIT 3 SCHIFFCHEN

Material: 3 Schiffchen; 1 Ei; 1 Aufhänger mit Seidenband
Perlgarn Nr. 8; 3 verschiedene Farben (weiß, gelb, blau)

Ausführung: Alle 3 Anfangsfäden mit einem Weberknoten zusammenbinden.
Für das Kleeblatt bewickelt man 1 Schiffchen mit Gelb, 1 Schiffchen mit blauem Faden. Für den Bogen nimmt man ein drittes Schiffchen mit weißem Faden.
Blauer und gelber Faden um die linke Hand bis zum kleinen Finger führen, den Finger ein paar Mal umwickeln. Mit dem weißen Faden Occhi verkehrt knüpfen (links, rechts).

Beim Übergang vom Kleeblatt zum Bogen wird NICHT gedreht.

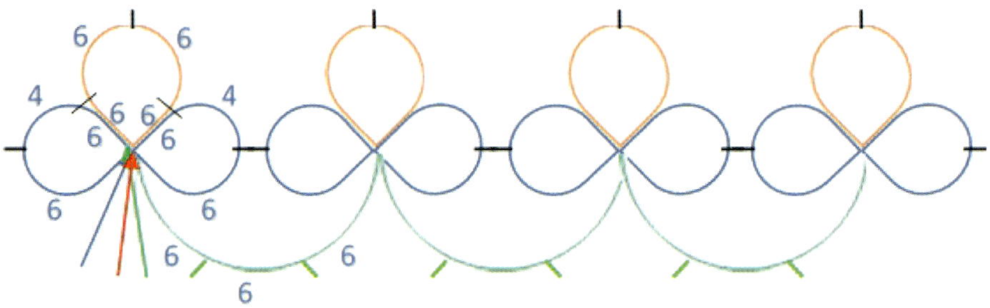

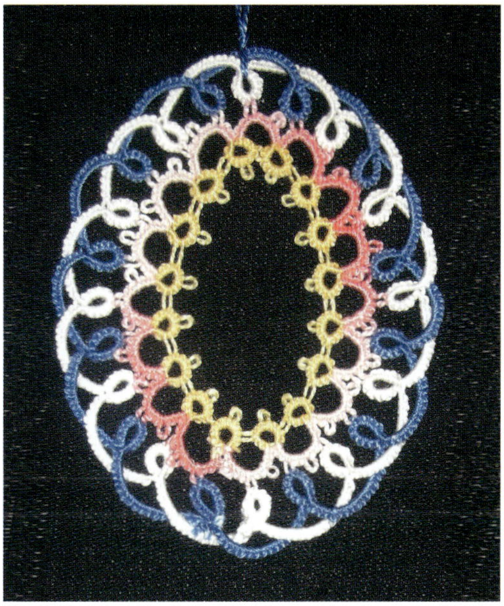

GROSSES MEDAILLON

Material: Perlgarn Nr. 8; Farbe nach Wahl
Innenkreis: 2 Schiffchen
Außenrand: 4 Schiffchen

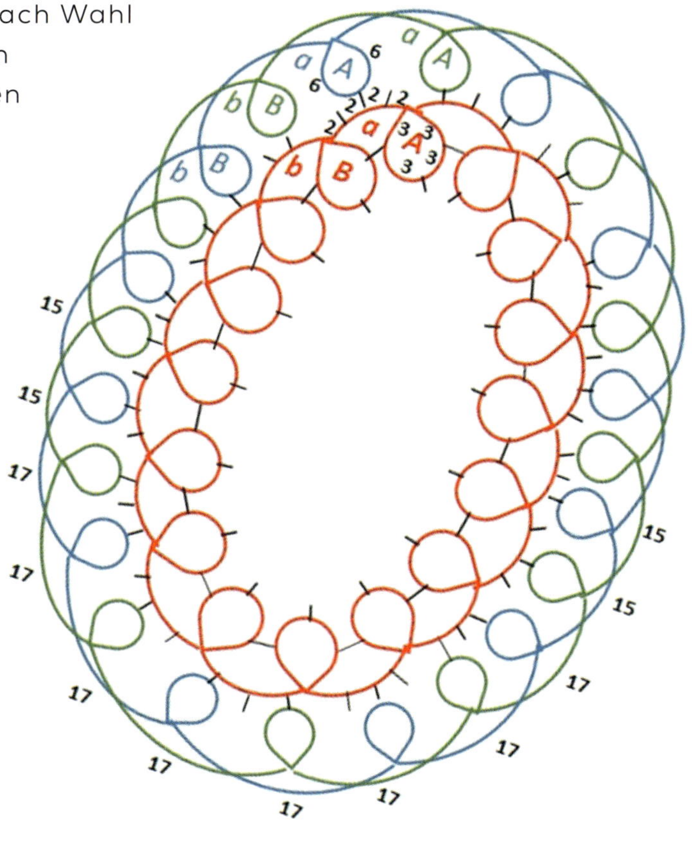

Will dir den Frühling zeigen,
der hundert Wunder hat.
Der Frühling ist waldeigen
und kommt nicht in die Stadt.
Nur die weit aus den kalten
Gassen zu zweien gehn
und sich bei den Händen halten –
dürfen ihn einmal sehn.

Rainer Maria Rilke

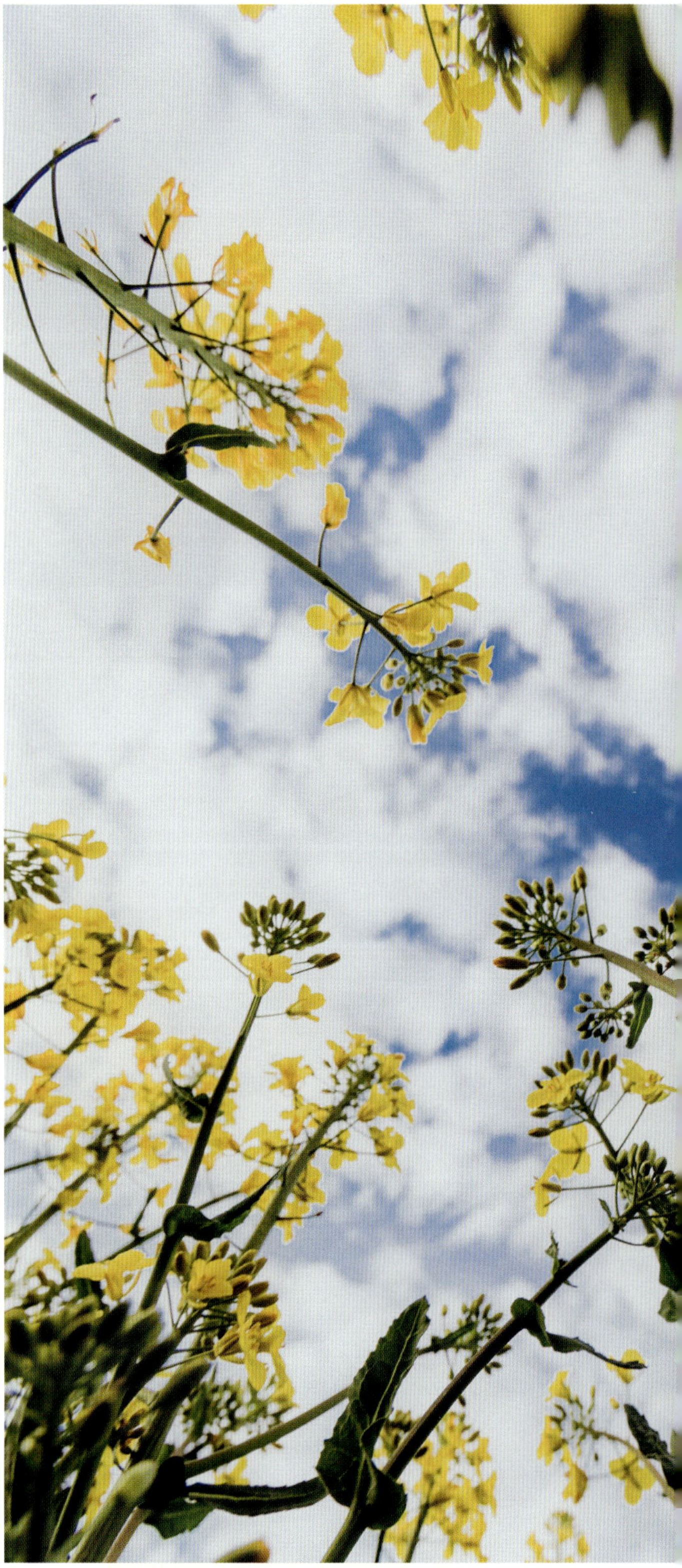

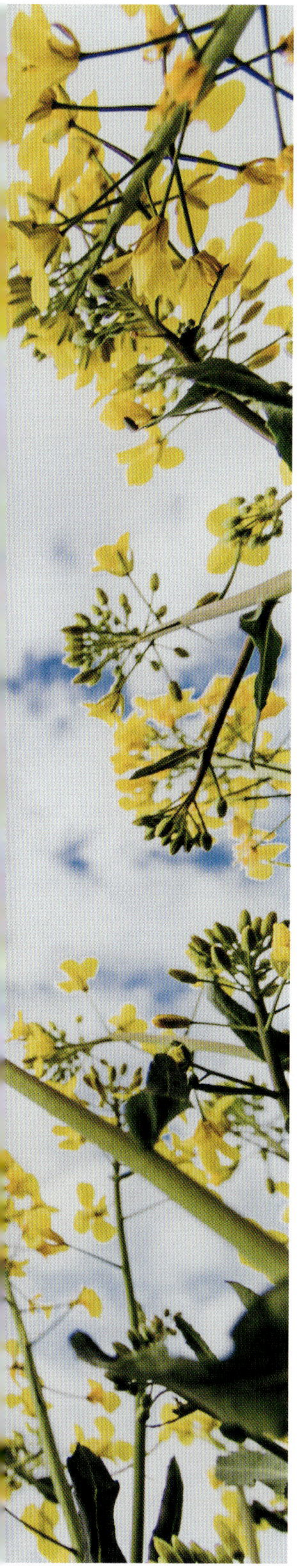

FRÜHLINGS Blumen

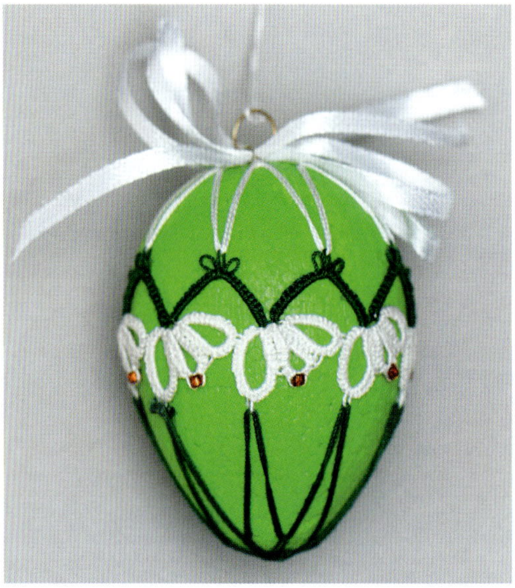

SCHNEEGLÖCKCHEN

Material: 2 Schiffchen; Perlgarn Nr. 8, weiß und dunkelgrün; kleine Perlen; Ei mit Seidenband

Ausführung: siehe Zeichnung.
Die Perlen werden mit einer Häkelnadel eingefügt.

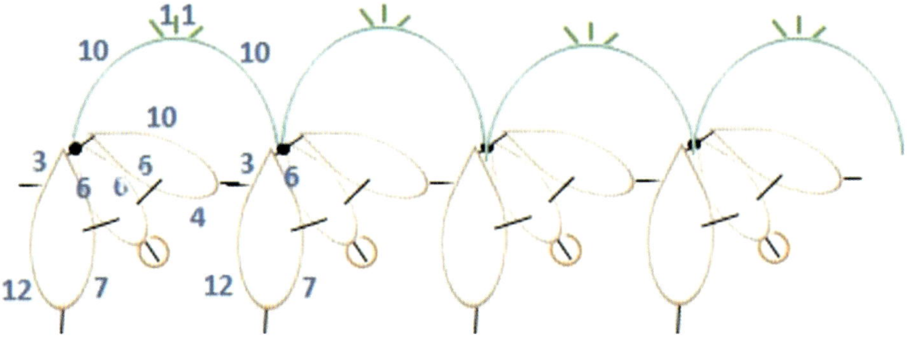

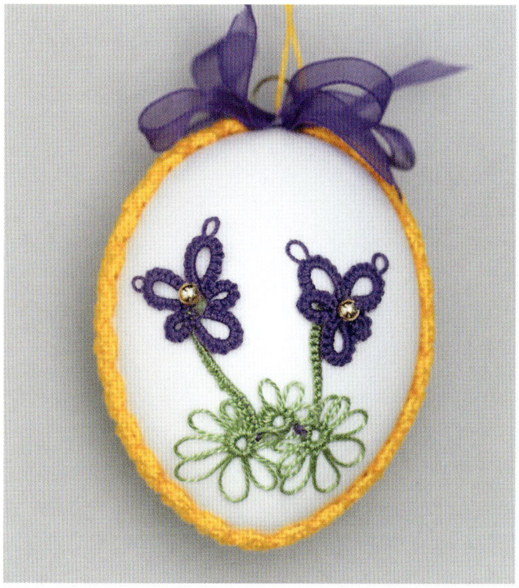

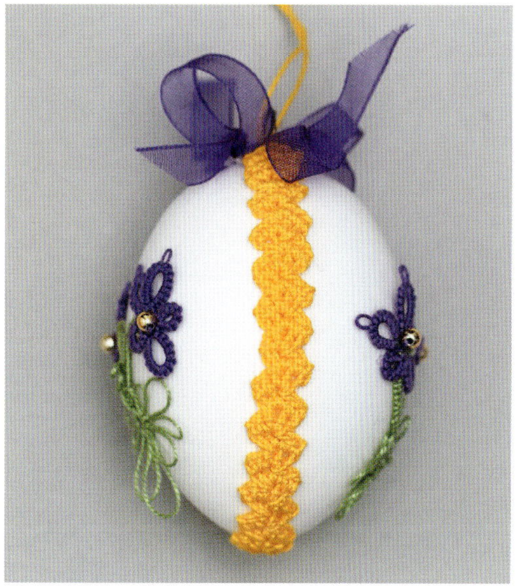

VEILCHEN

Material: 2 Schiffchen; Perlgarn Nr. 8 violett und grün;
Aufhänger; Seidenband, 2 Perlen.
Perlgarn Nr. 5 gelb für das gehäkelte Makramee Band.

Ausführung: Häkeln des Makramee-Bandes, siehe Anhang, S. 78.
2 gleiche Blüten des Veilchens nach Zeichnung knüpfen.
Die Stängel mit 10–12 Doppelknoten arbeiten und den Abschluss bilden.
8 Ösen in verschiedenen Größen.
Die Perlen in die Mitte der Blüte kleben.

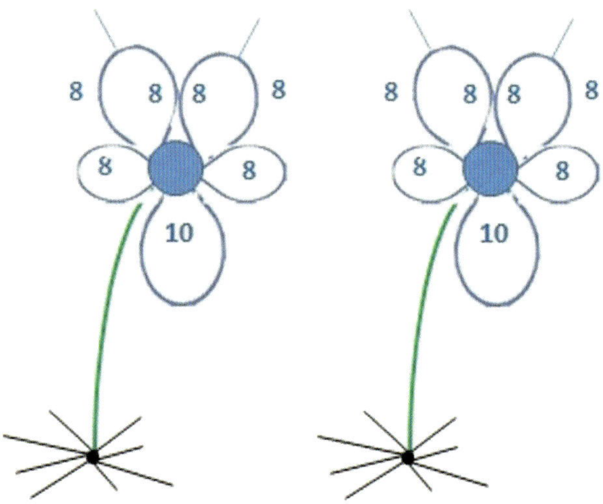

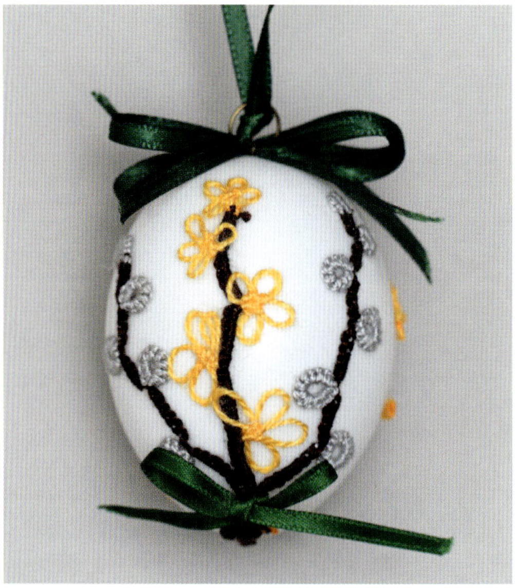

PALMKÄTZCHEN UND ZAUBERNUSS

Material: 2 Schiffchen; Perlgarn Nr. 8 gelb, grün und braun; Aufhänger; Seidenband.

Ausführung: siehe Zeichnung

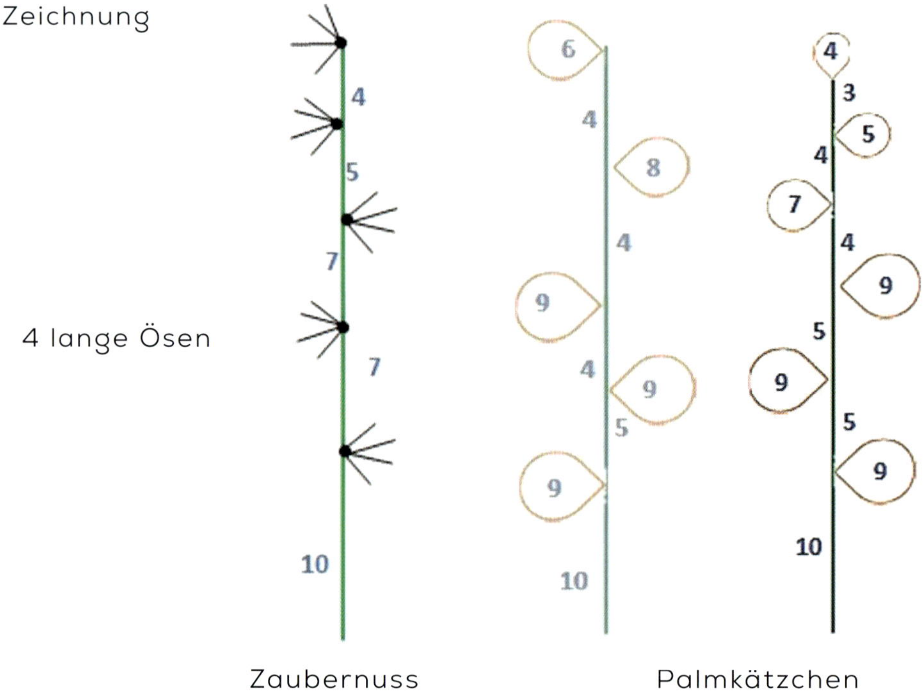

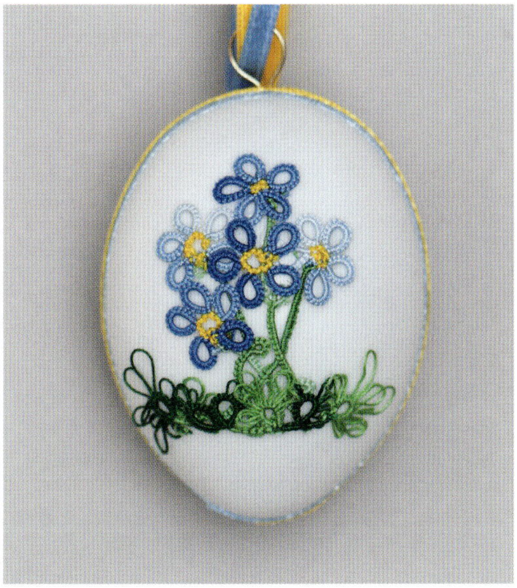

VERGISSMEINNICHT

Material: 2 Schiffchen;
Baumwolle 80 blau meliert,
mittel und dunkelgrün.
1 Ei; 1 Aufhänger und
Seidenband.

Ausführung: siehe Zeichnung.
Jedes Blütenblatt wird mit 16 Doppelknoten geknüpft.
Zwischen den Ringen knüpft man 1–2 Doppelknoten Occhi verkehrt.
Stängel: Nach Zeichnung arbeiten.
Wiese: individuell gestalten.

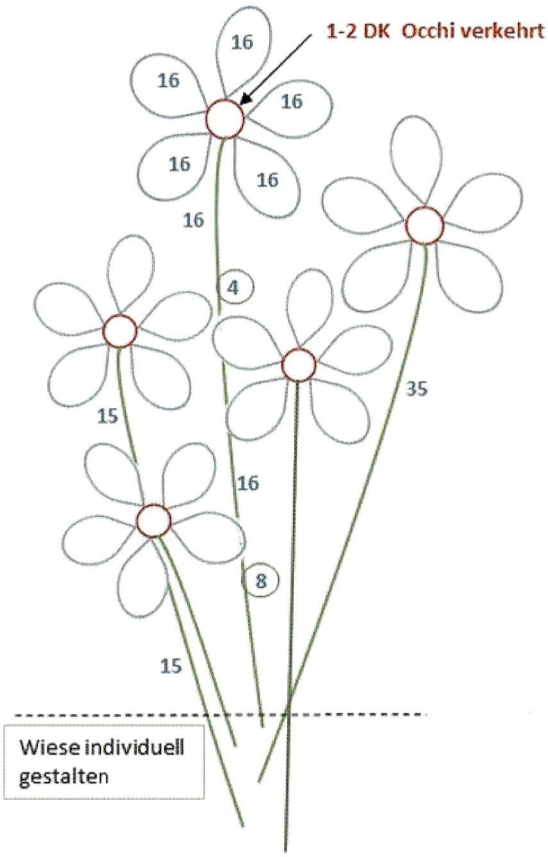

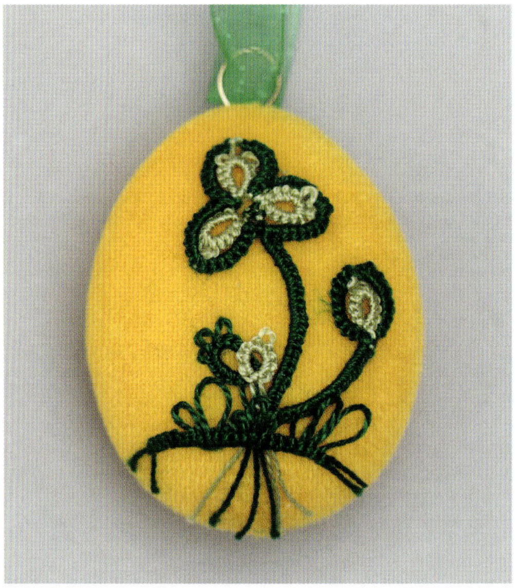

KLEEBLATT

Material: 2 Schiffchen; 1 Samt-Ei;
Perlgarn Nr. 8,
dunkelgrün und hellgrün;
1 Aufhänger mit Seidenband.

Ausführung: Den Klee beginnt man mit den 3 inneren Ringen. Darüber sind die Bögen zu knüpfen und je 1 x an der mittleren Öse anzuhängen.
Der Punkt zeigt die Anhangstelle. Für die weitere Reihenfolge siehe Zeichnung.

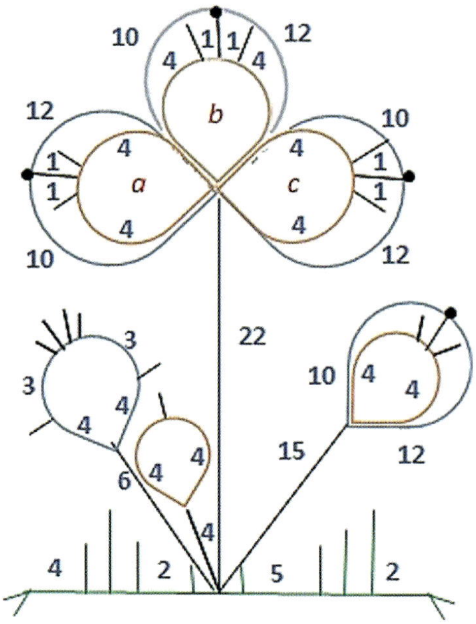

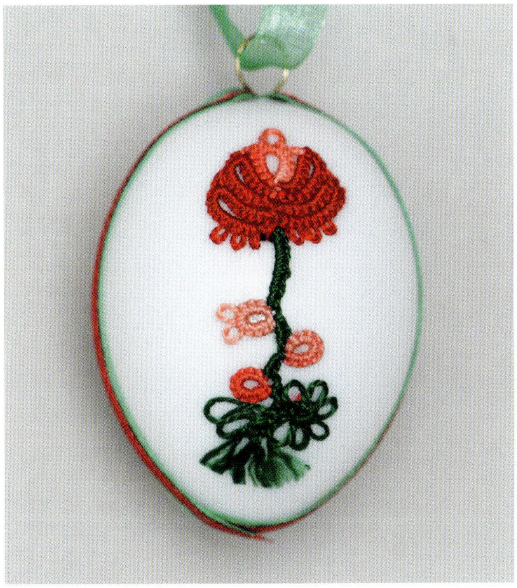

ROSE

Material: 2 Schiffchen; Perlgarn Nr. 8 rot, rot meliert, dunkelgrün meliert; 1 Ei; Aufhänger mit Seidenband

Ausführung: Bei **A** mit dem Ring beginnen. Schiffchen wechseln und 8 Doppelknoten knüpfen. Nach dem Anhängen an jeder Öse **muss** die Arbeit gedreht werden. Die Rose nach Zeichnung beenden.

Stängel: Nach Zeichnung arbeiten.

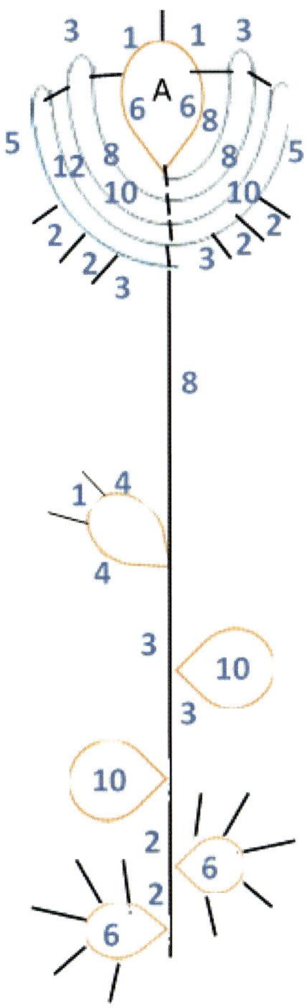

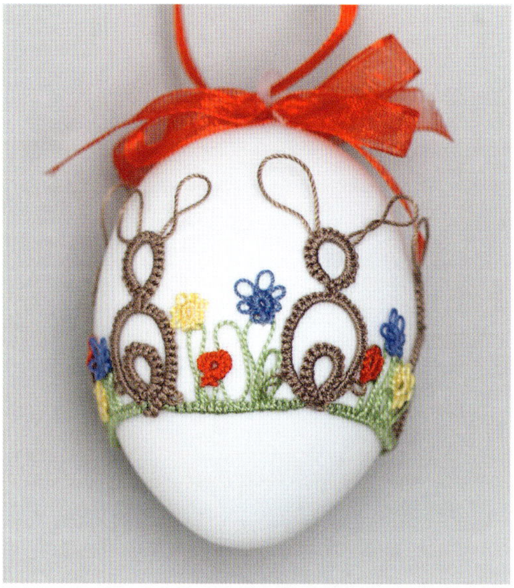

HASE IN DER WIESE

Material: 2 Schiffchen; Baumwolle 40 für die Hasen; Baumwolle 80 für Wiese und die Blumen.

Ausführung: 5 Hasen für ein mittleres Ei nach Zeichnung knüpfen. Wiese mit Doppelknoten und verschiedenen langen Ösen arbeiten. Am Ende der langen Ösen die blauen, gelben und roten Blumen aufkleben.

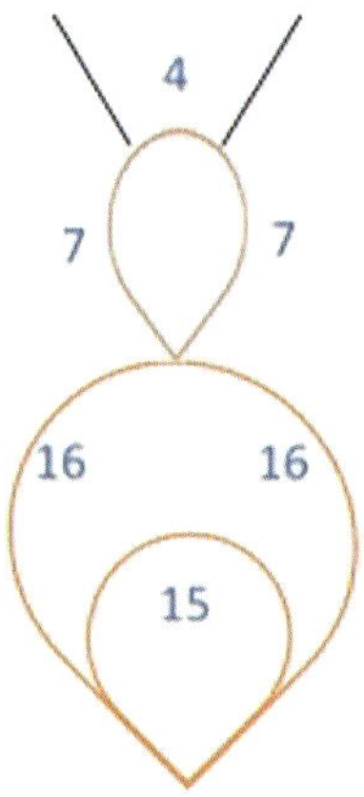

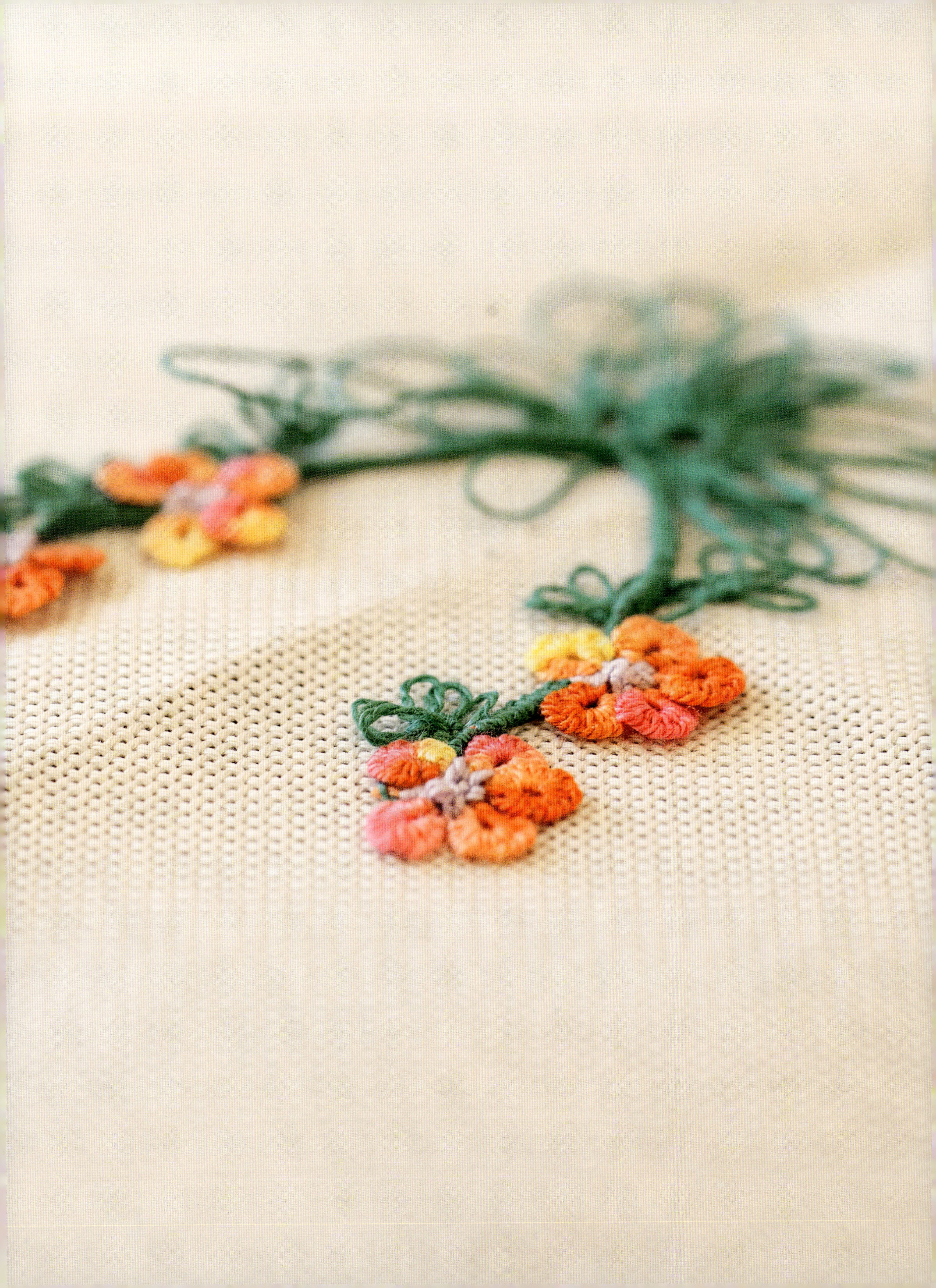

Die Luft ist blau, das Tal ist grün,
die kleinen Maienglocken blühn
und Schlüsselblumen drunter;
der Wiesengrund ist schon so bunt
und malt sich täglich bunter.
Drum komme, wem der Mai gefällt,
und freue sich der schönen Welt
und Gottes Vatergüte,
die diese Pracht hervorgebracht,
den Baum und seine Blüte.

Ludwig Hölty

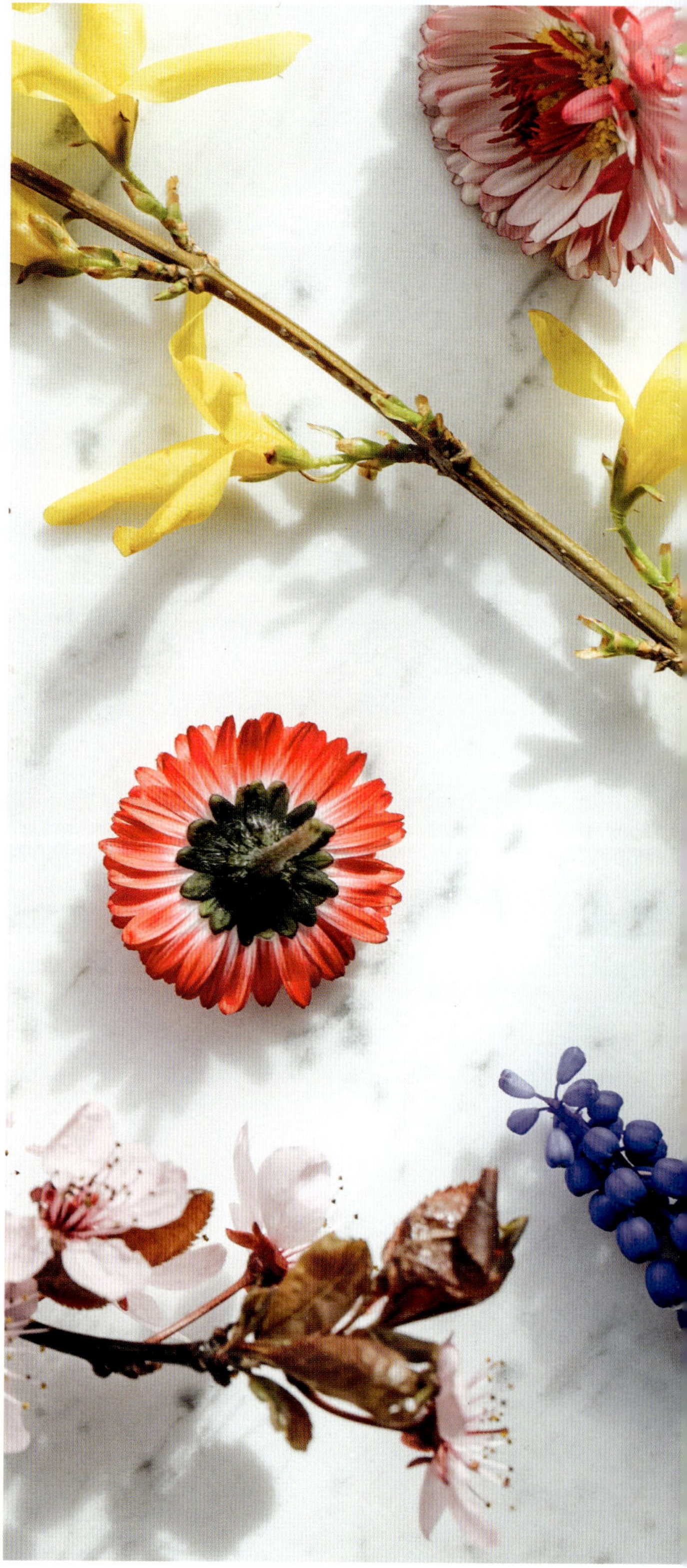

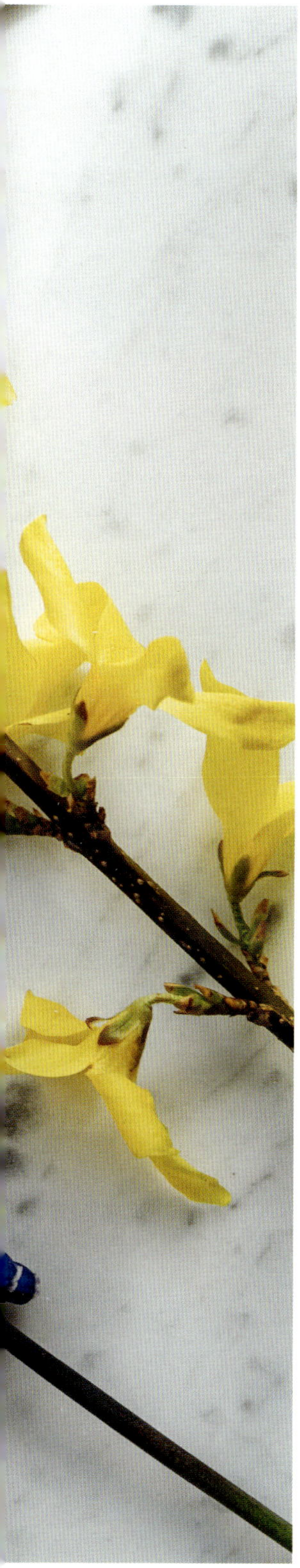

OCCHI MODERN *auf Filz*

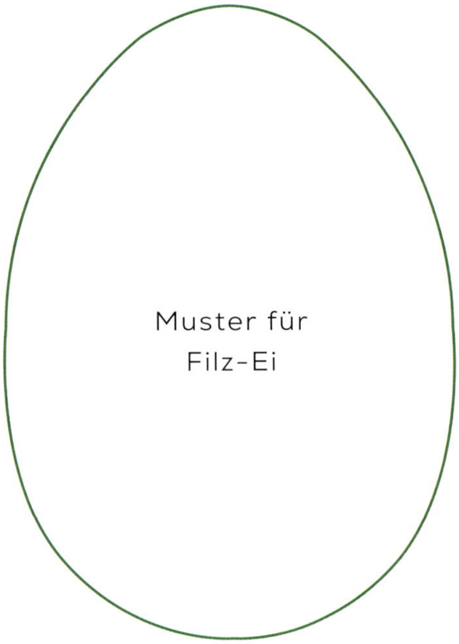

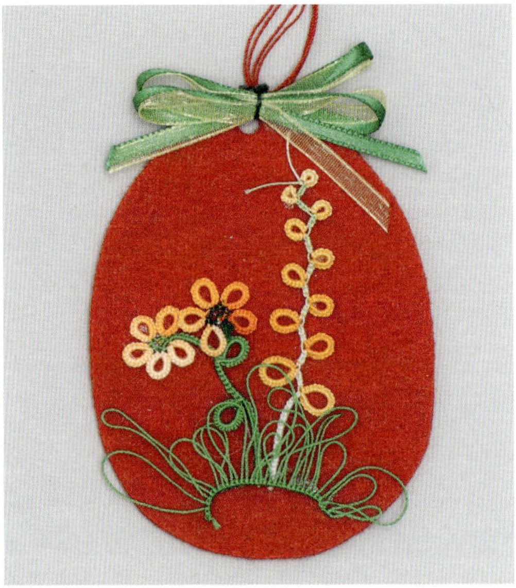

FILZEI 01

Material: 2 Schiffchen; Baumwolle 80 orange meliert und mittelgrün; 1 Filzei und 1 Masche

Ausführung: Bei **A** beginnen und nach Zeichnung knüpfen. Die Wiese entsteht durch Knüpfen von verschiedener langer Ösen.
Zwischen die Blütenblätter ○ knüpft man 1–2 Dopppelknoten Occhi verkehrt.

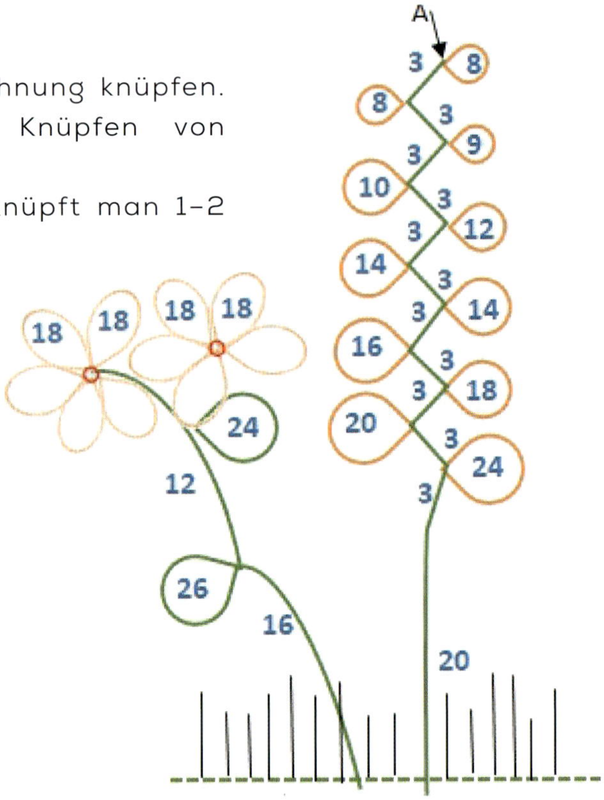

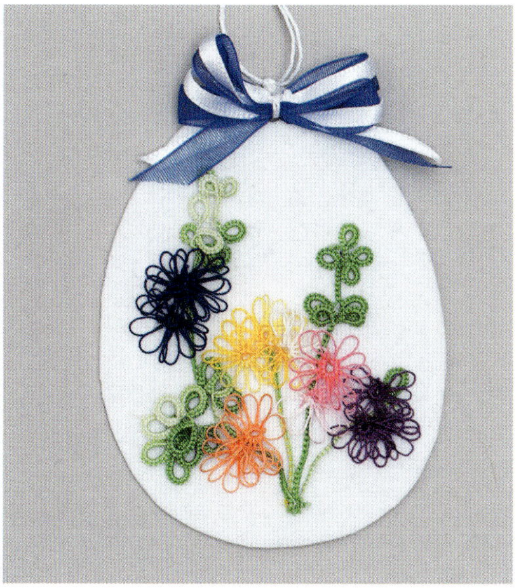

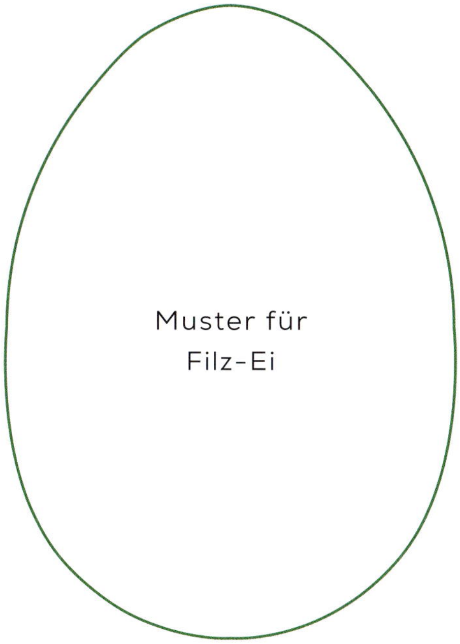

FILZEI 02

Material: 2 Schiffchen; Baumwolle 80 verschiedene Farben; 1 Filzei und 1 Masche

Ausführung: Bei **A** bzw. **B**, **C** und **D** beginnen und nach Zeichnung knüpfen.

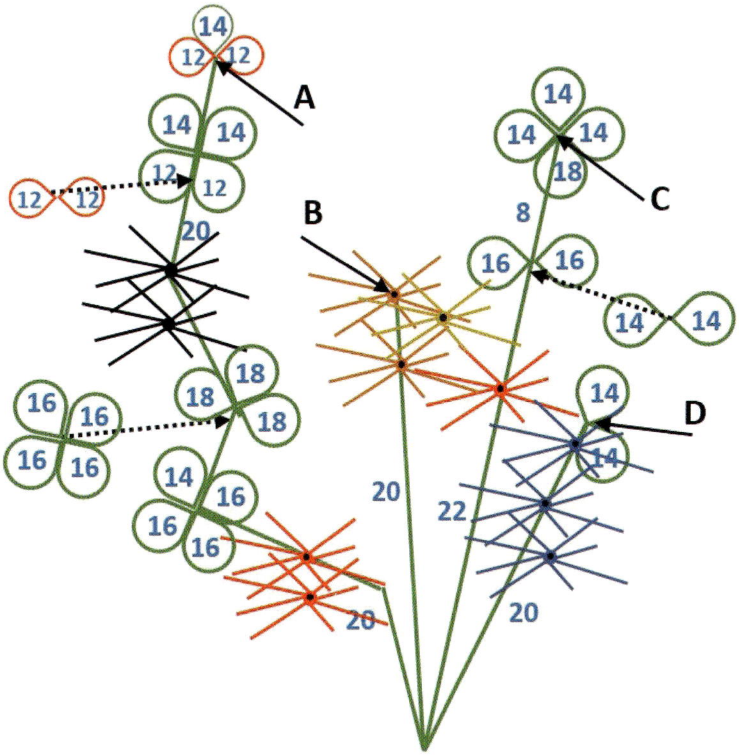

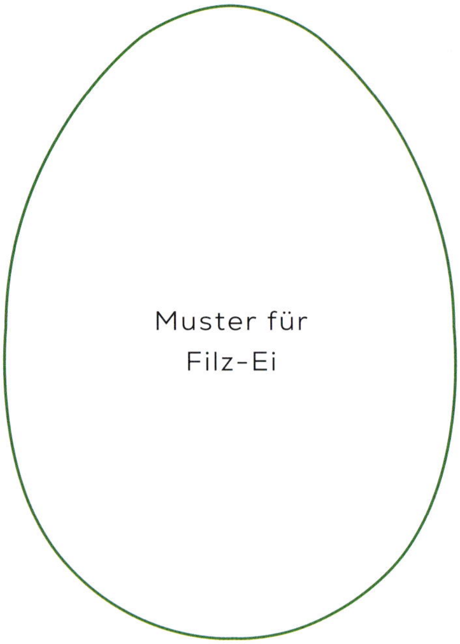

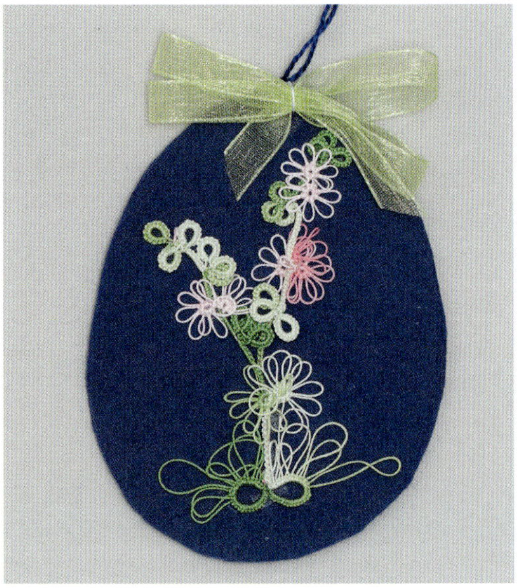

FILZEI 03

Material: 2 Schiffchen; Baumwolle 80 verschiedene Farben
1 Filzei und 1 Masche

Ausführung: Bei **A** bzw. **B** beginnen und nach Zeichnung knüpfen.

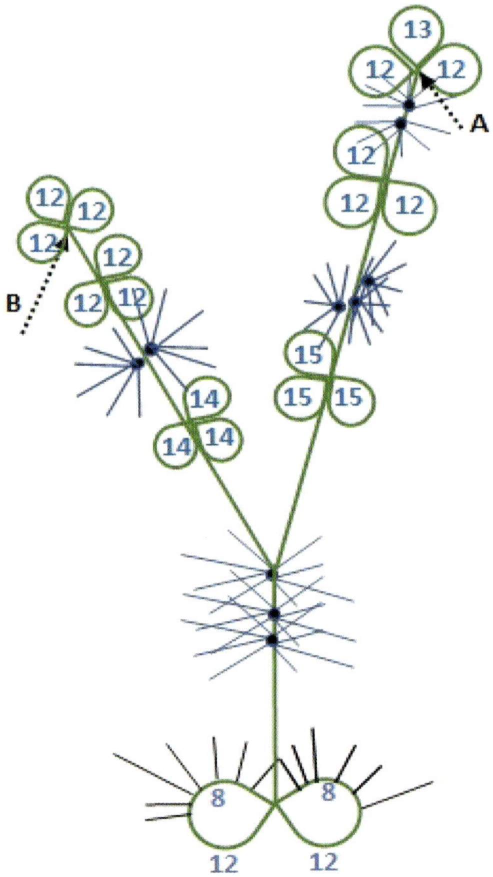

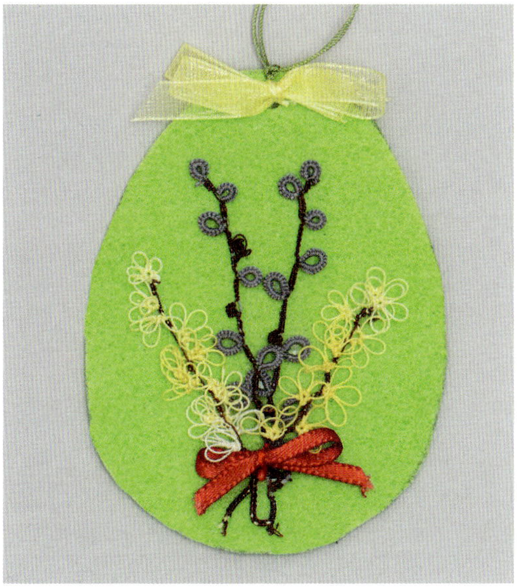

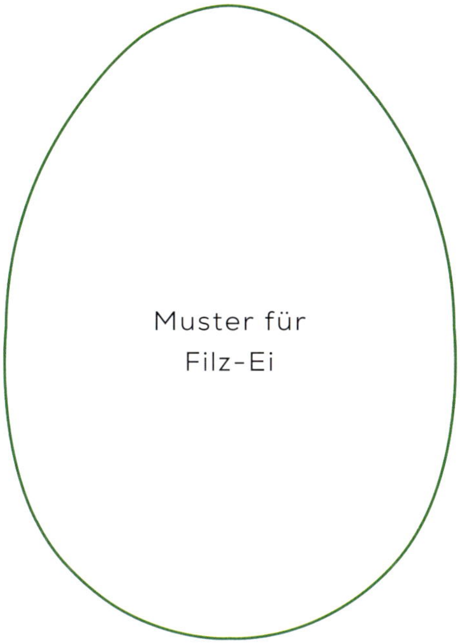

FILZEI 04

Material: 2 Schiffchen; Baumwolle 80 verschiedene Farben; 1 Filzei und 1 Masche

Ausführung: Bei **A** beginnen und nach Zeichnung knüpfen.

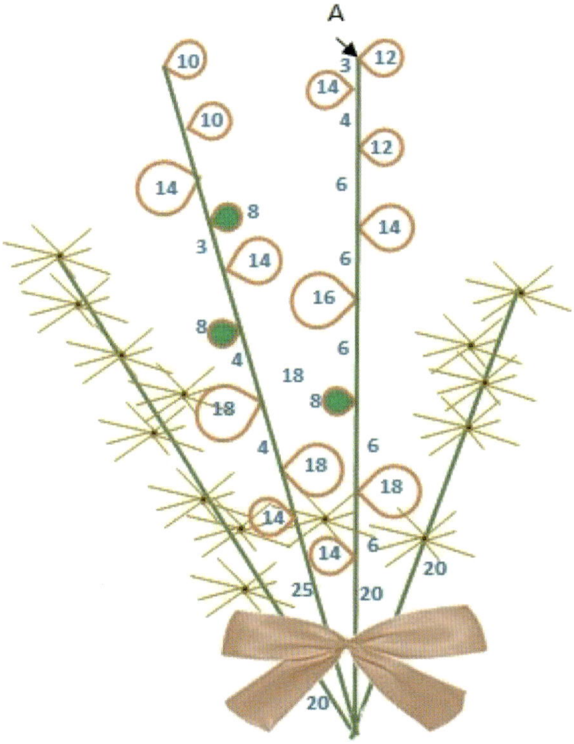

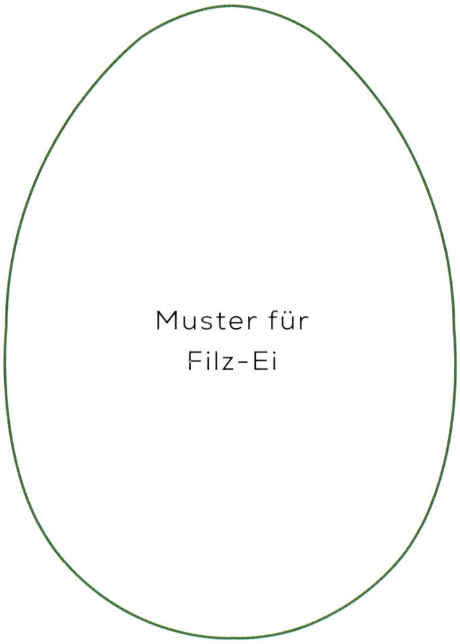

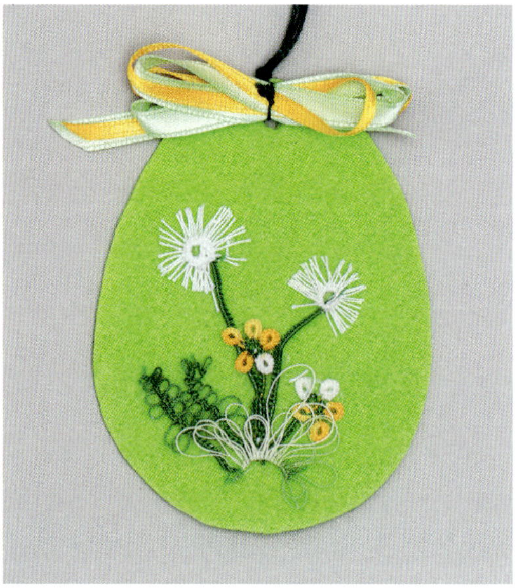

FILZEI 05

Material: 2 Schiffchen; Baumwolle 80 verschiedene Farben; 1 Filzei und 1 Masche

Ausführung: Bei **A** beginnen und nach Zeichnung knüpfen.

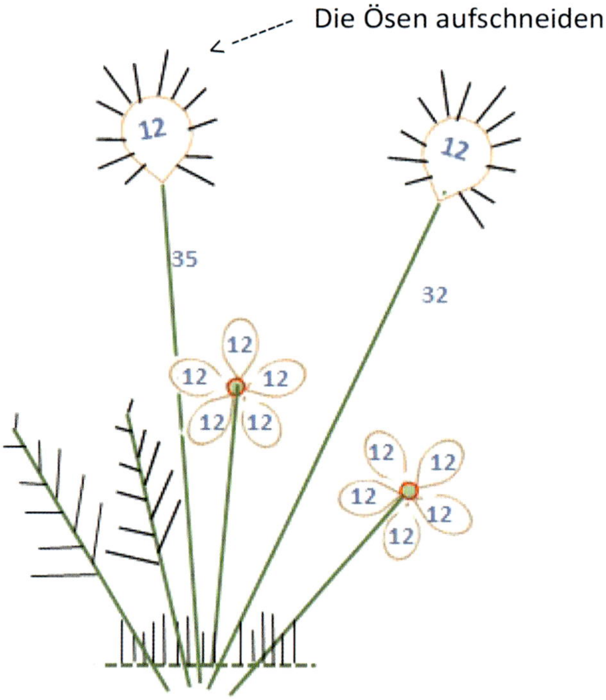

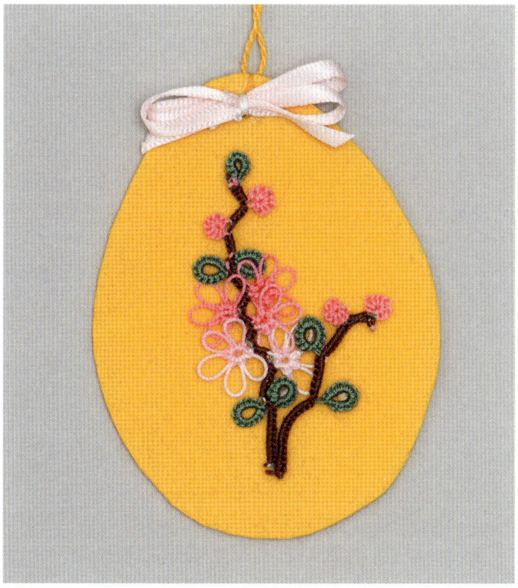

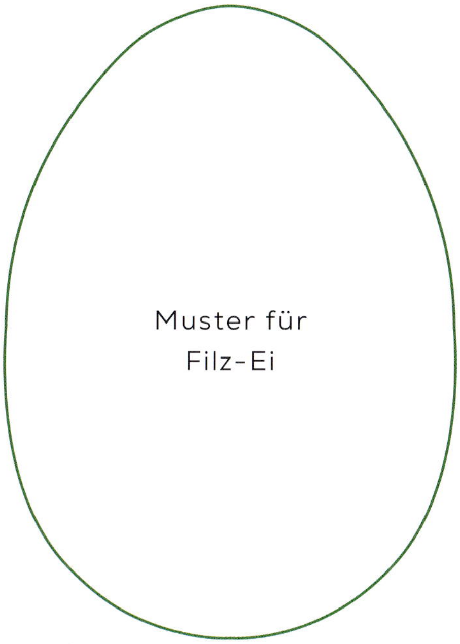

FILZEI 06

Material: 2 Schiffchen; Perlgarn Nr. 8 verschiedene Farben; 1 Filzei und 1 Masche

Ausführung: Bei **A** beginnen und nach Zeichnung knüpfen. Die Kreise (Symbol) sind Josefinenknoten. Ringe in Blütenform haben 6–8 Ösen.

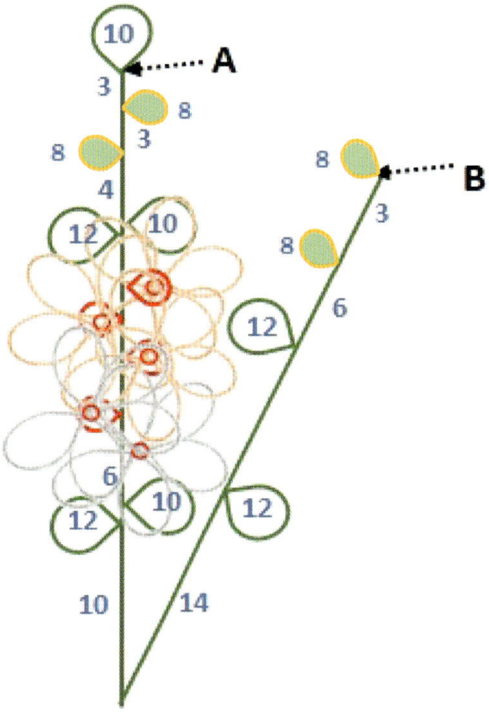

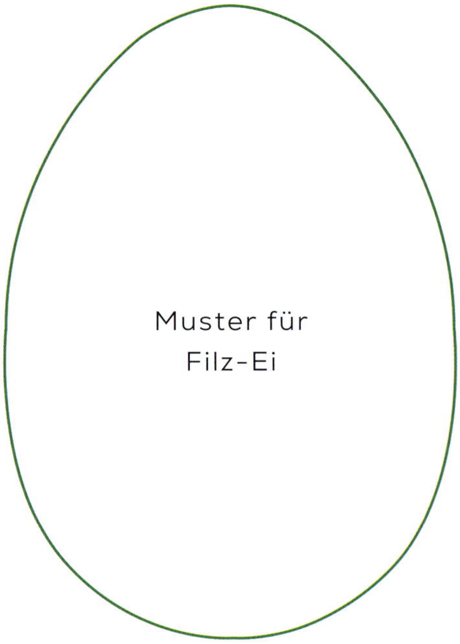

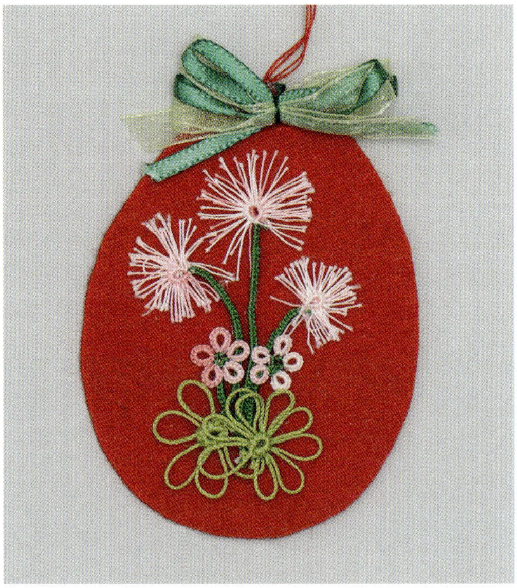

FILZEI 07

Material: 2 Schiffchen; Perlgarn Nr. 8 verschiedene Farben
1 Filzei und 1 Masche

Ausführung: Nach Zeichnung knüpfen.

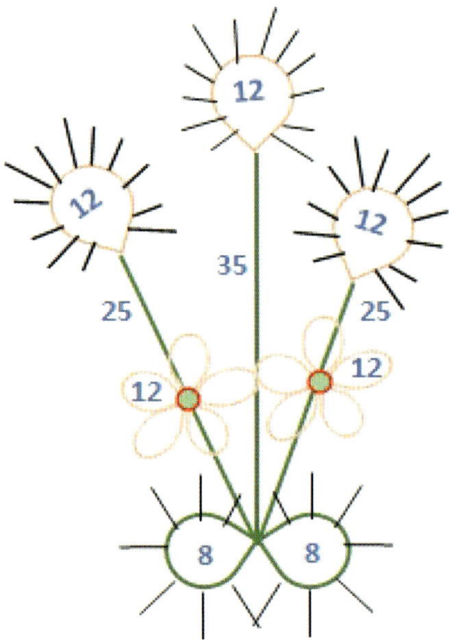

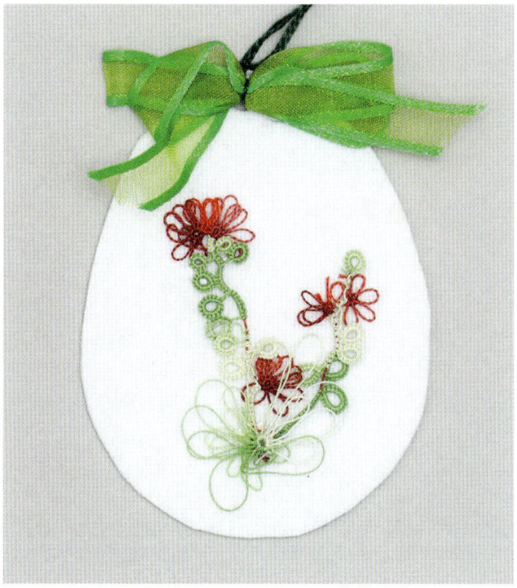

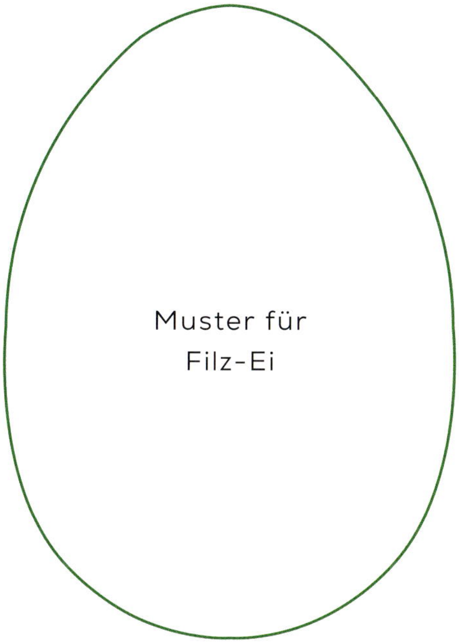

FILZEI 08

Material: 2 Schiffchen; Baumwolle 80 verschiedene Farben;
1 Filzei und 1 Seidenband

Ausführung: Nach Zeichnung knüpfen.

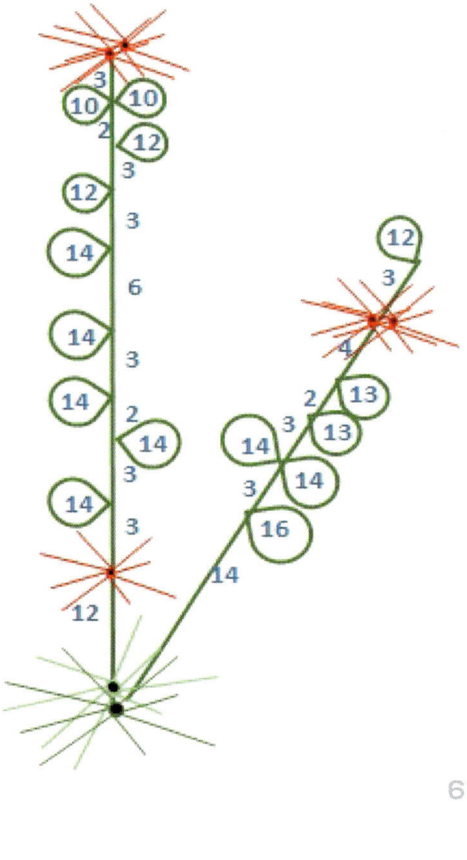

BLAUES UND GRÜNES EI

Material: Baumwolle 80

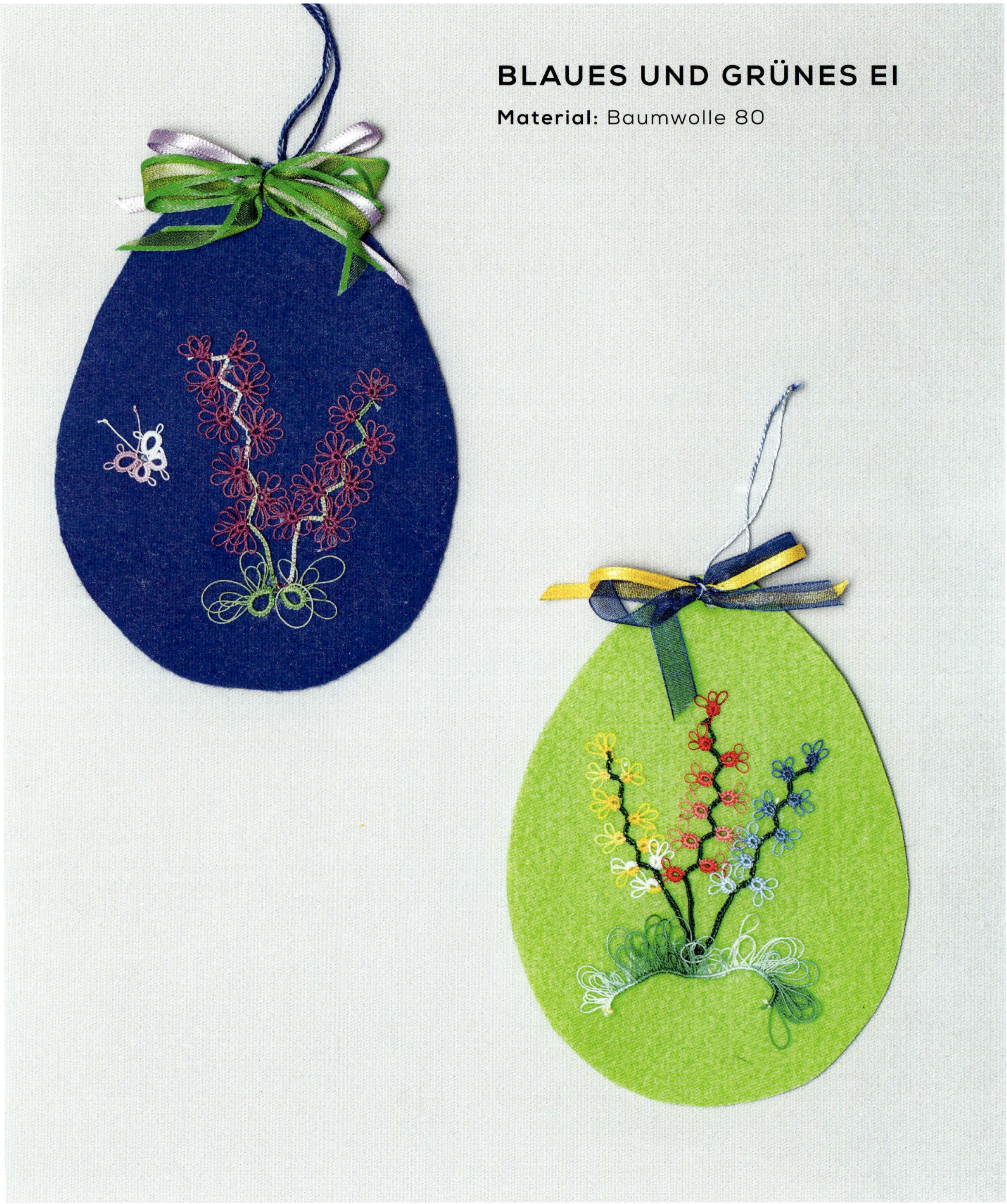

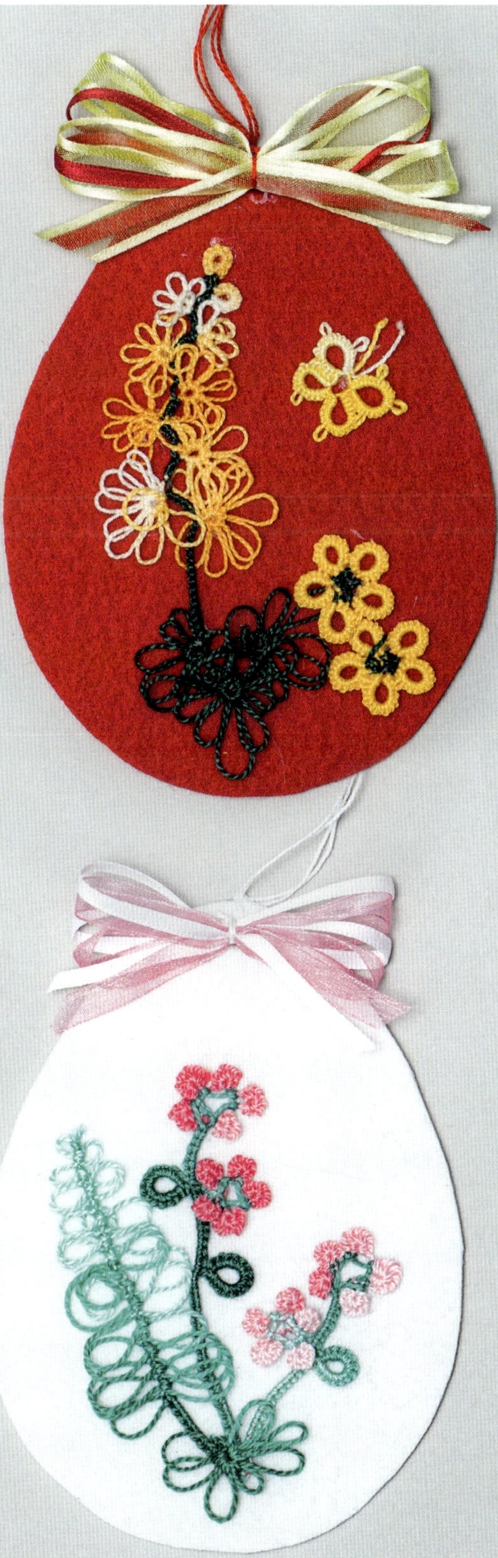

ROTES UND WEISSES EI

Material: Perlgarn Nr. 8

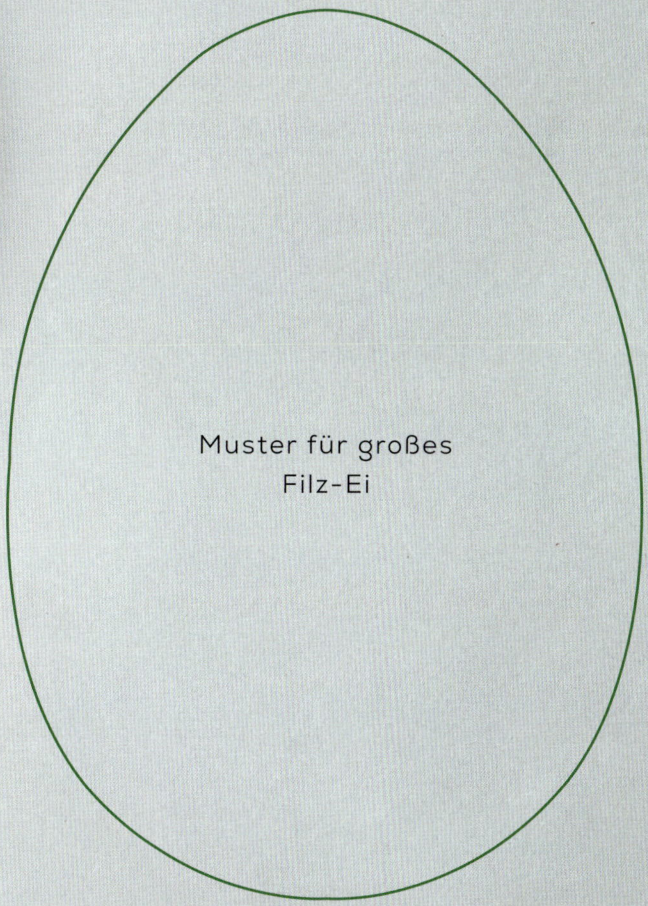

Die blauen Frühlingsaugen
schauen aus dem Gras hervor;
das sind die lieben Veilchen,
die ich zum Strauss erkor.

Ich pflückte sie und denke,
und die Gedanken all',
die mir im Herzen seufzen,
singt laut die Nachtigall.

Ja, was ich denke, singt sie
laut schmetternd, dass es schallt;
mein zärtliches Geheimnis
weiss schon der ganze Wald.

Heinrich Heine

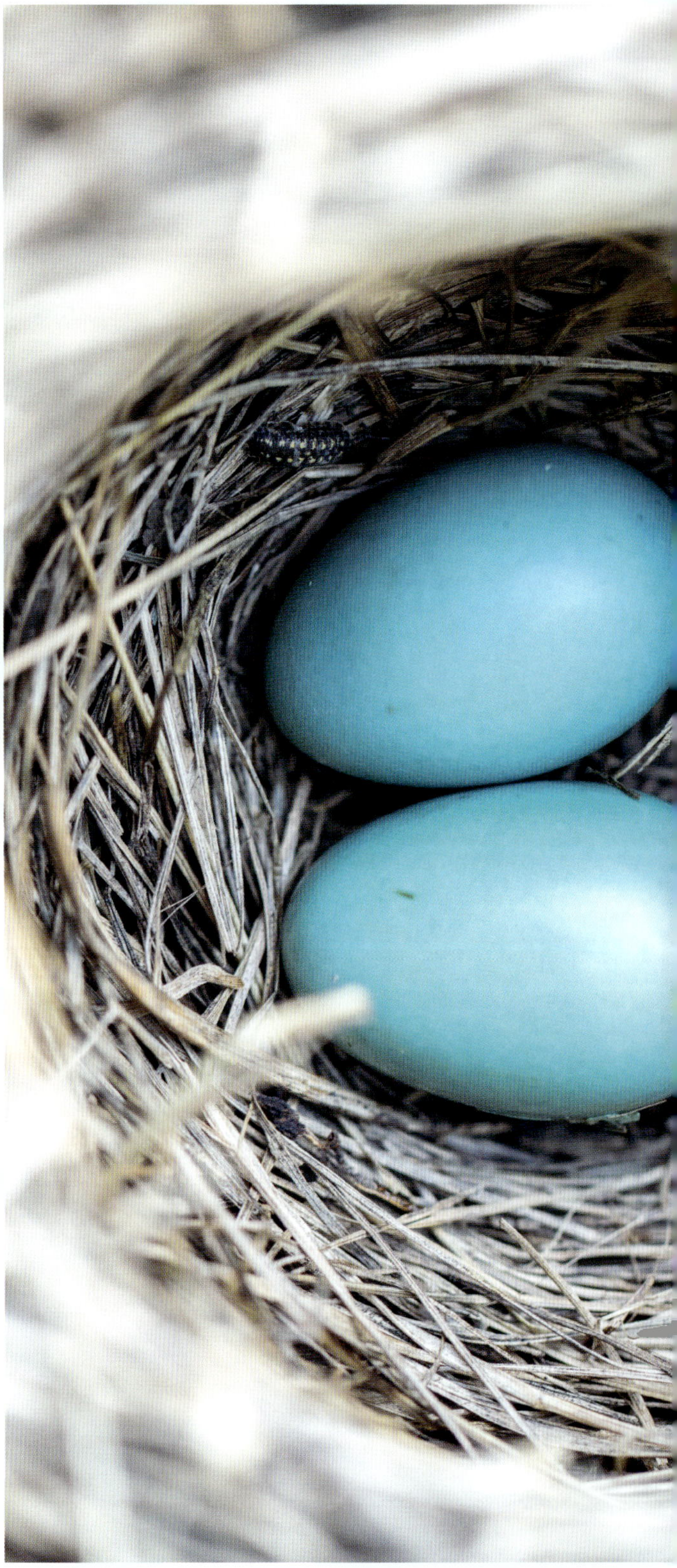

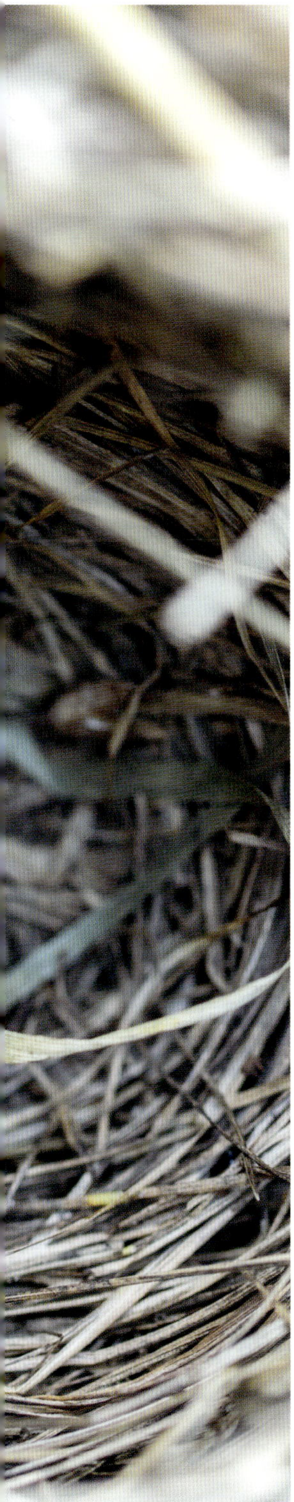

KLEINE IDEEN

für Ostergeschenke

A B C D E F G
H I J K L M N
O P Q R S T
U V W X Y Z

ALPHABET

Material: 2 Schiffchen; Garn nach Wahl; Stärke Baumwolle: 15–80.
Muster hier wurde mit Perlgarn Nr. 8 geknüpft.

Ausführung: Buchstabe: mit Occhi verkehrt.
Blume: mit 1 Schiffchen gearbeitet (5 Ringe).

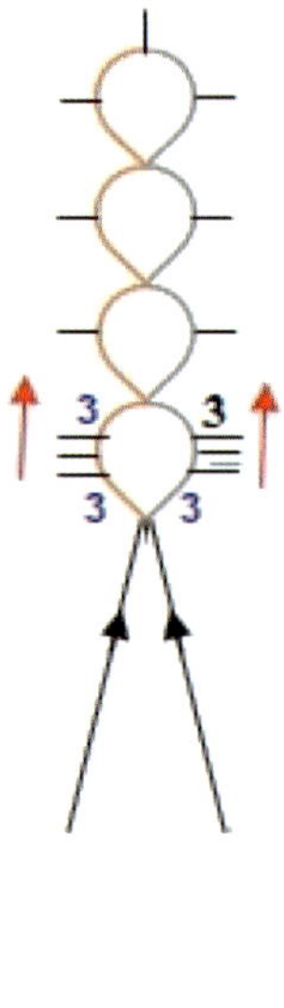

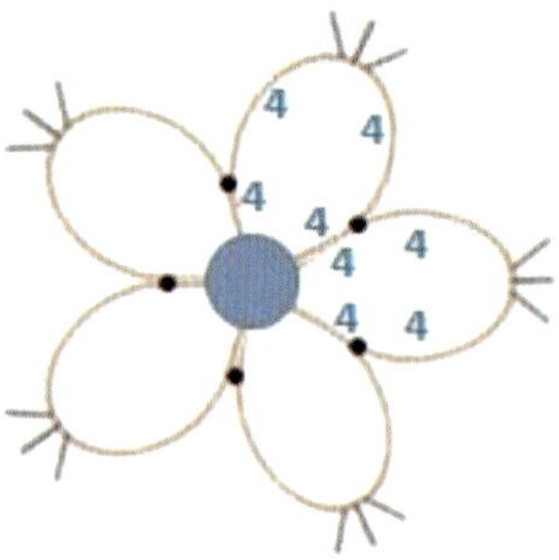

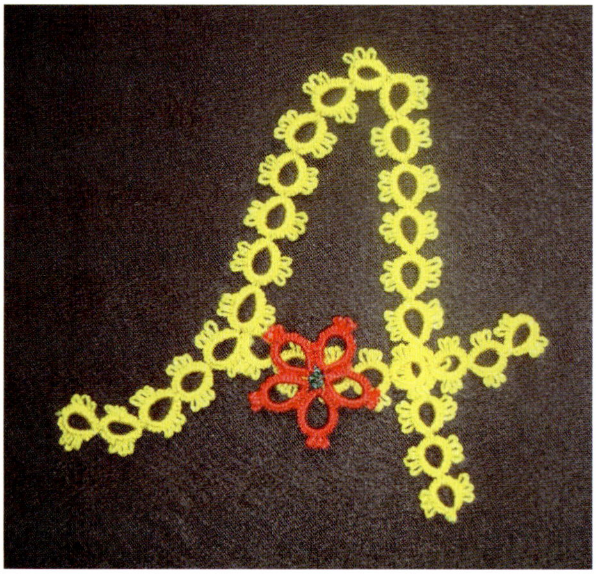

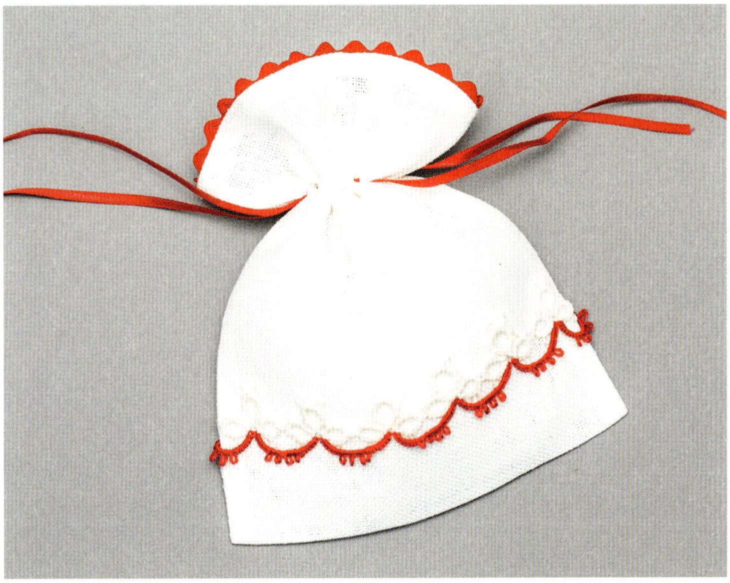

SÄCKCHEN

Material: Leinenstoff, 14 cm breit, 32 cm lang.
2 Schiffchen; Perlgarn Nr. 8 weiß und rot.

Ausführung: Das Kleeblattmuster wiederholen, bis die gewünschte Länge erreicht ist.

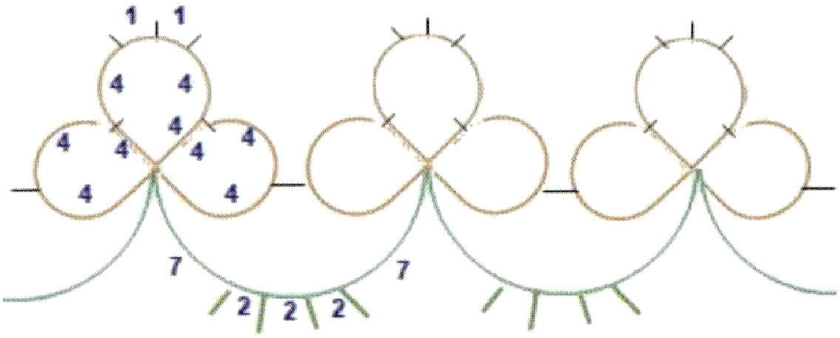

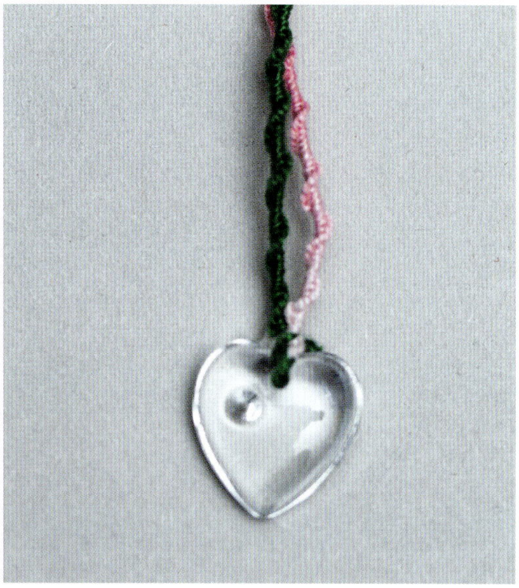

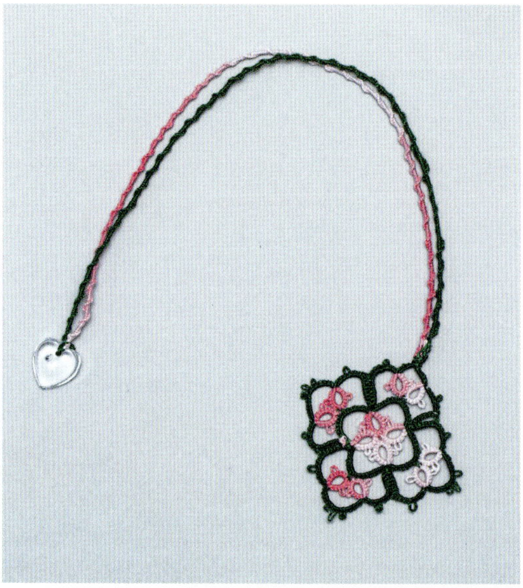

LESEZEICHEN

Material: 2 Schiffchen; Perlgarn Nr. 8 grün und rosa meliert; 1 Glasherz

Ausführung: Zuerst die Mitte knüpfen und dann den Rand.
Die zwei Schnüre arbeitet man nur mit Rechtsknoten.
Dadurch entstehen diese Drehungen.

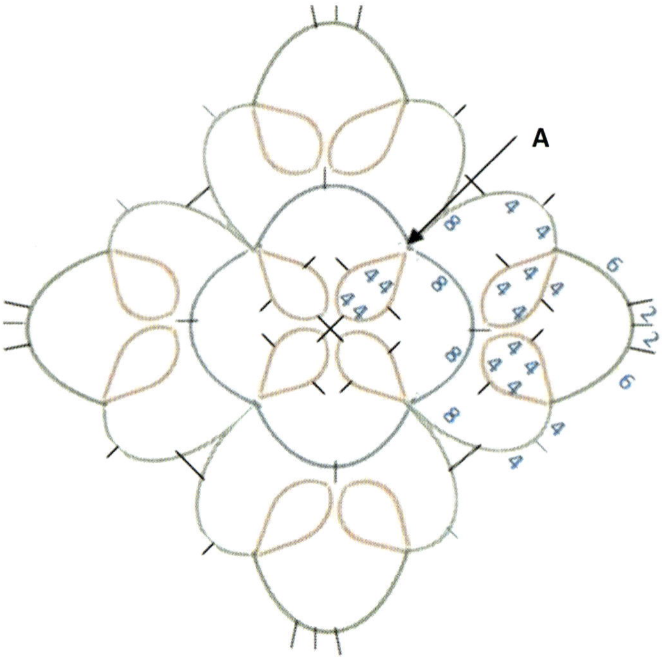

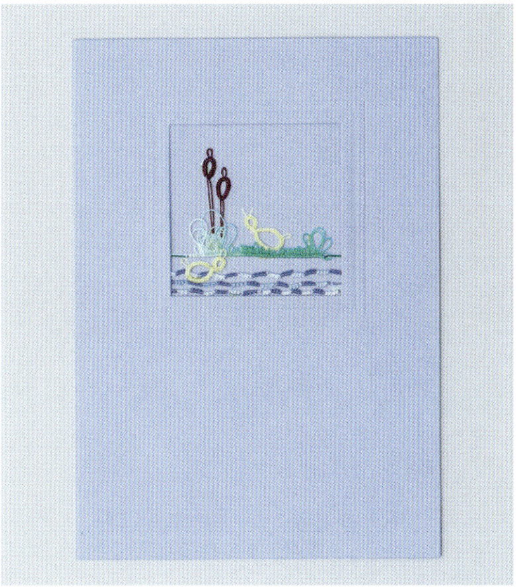

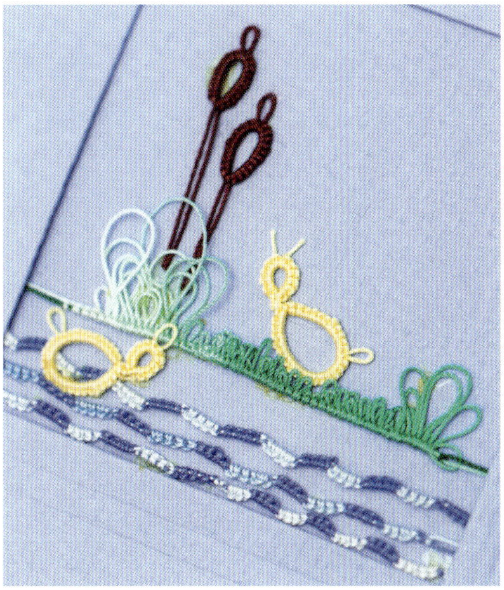

BILLETT ENTE IM WASSER

Material:

	Schilf:	1 Schiffchen; Baumwolle 80 dunkelbraun
	Ente:	1 Schiffchen; Baumwolle 80 gelb
	Wiese:	2 Schiffchen; Baumwolle 80 grün meliert Verschiedene große Ösen.
	Wasser:	2 Schiffchen; Baumwolle 80 blau meliert und weiß. Nach 5 Doppelknoten Schiffchen wechseln (Farbe: blau weiß)

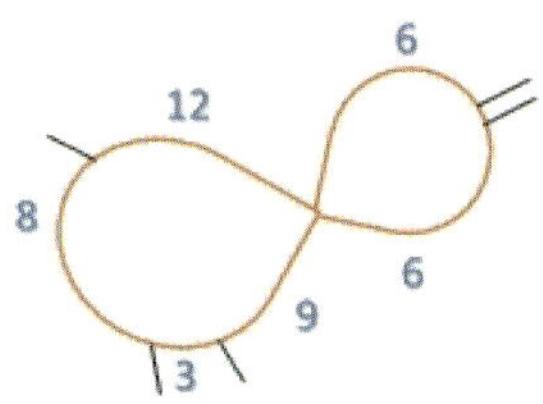

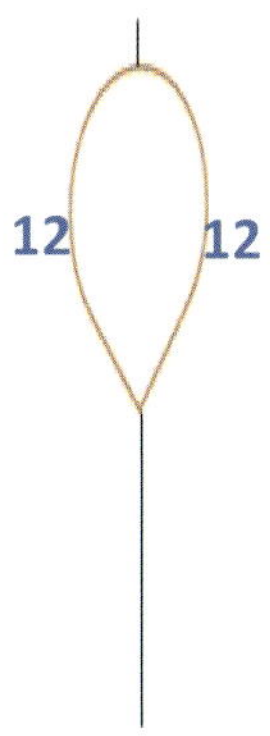

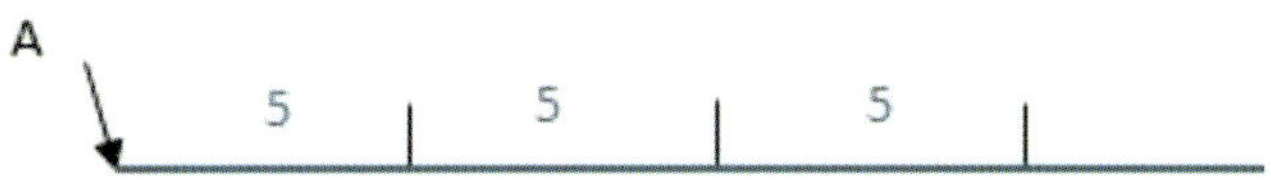

BILLETTS FÜR OSTERGRÜSSE

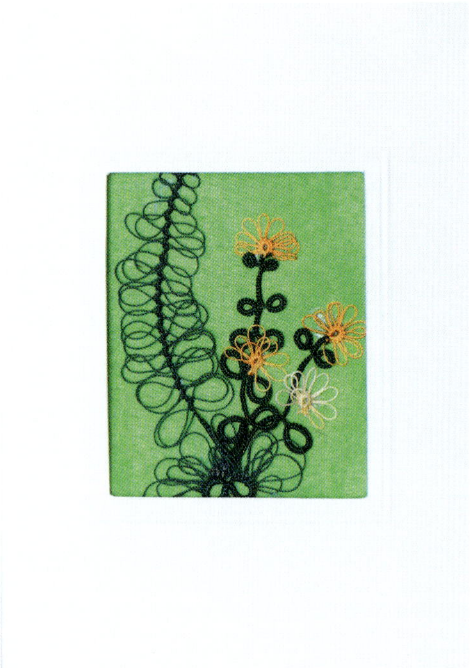

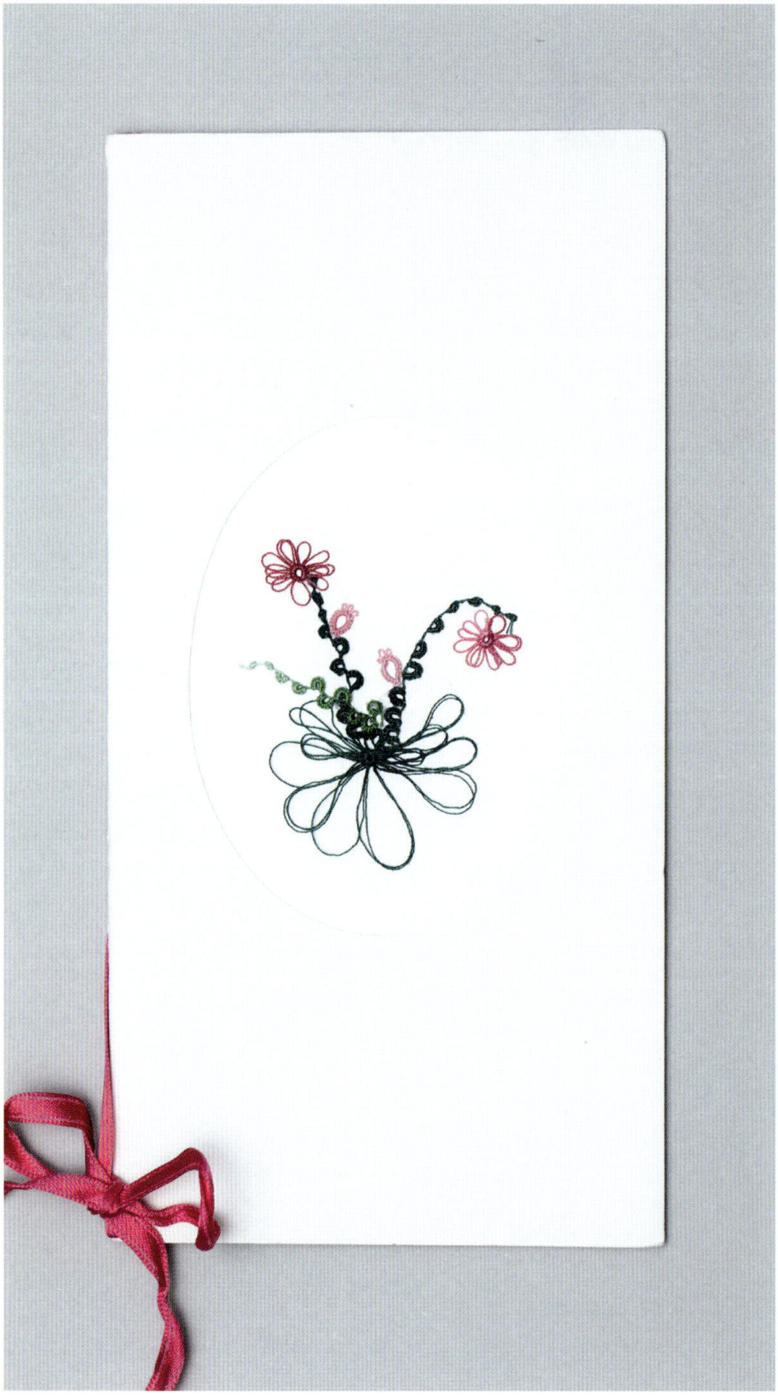

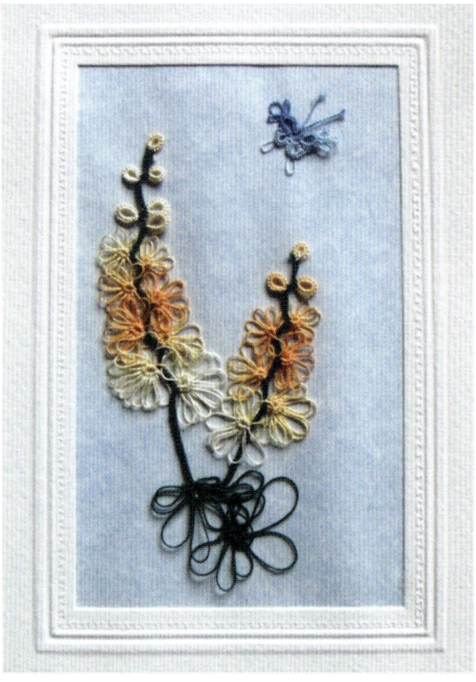

Viel Freude beim Realisieren

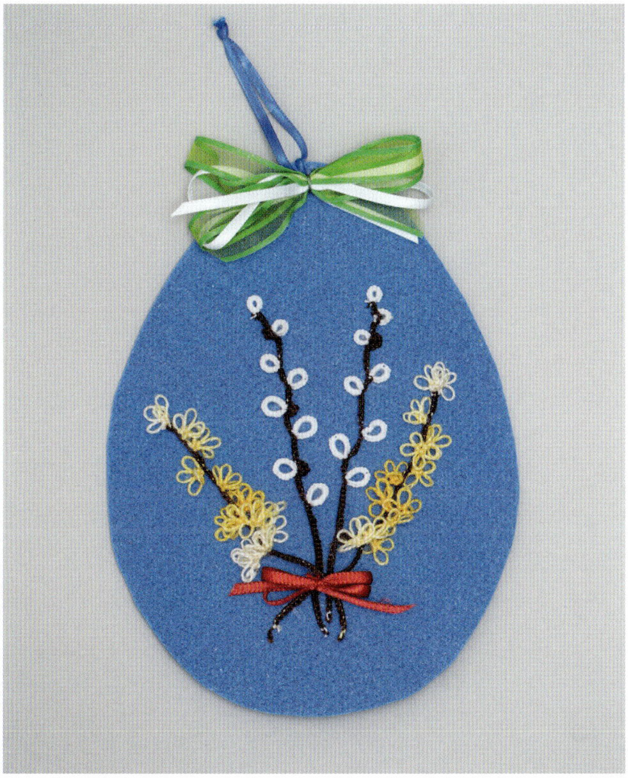

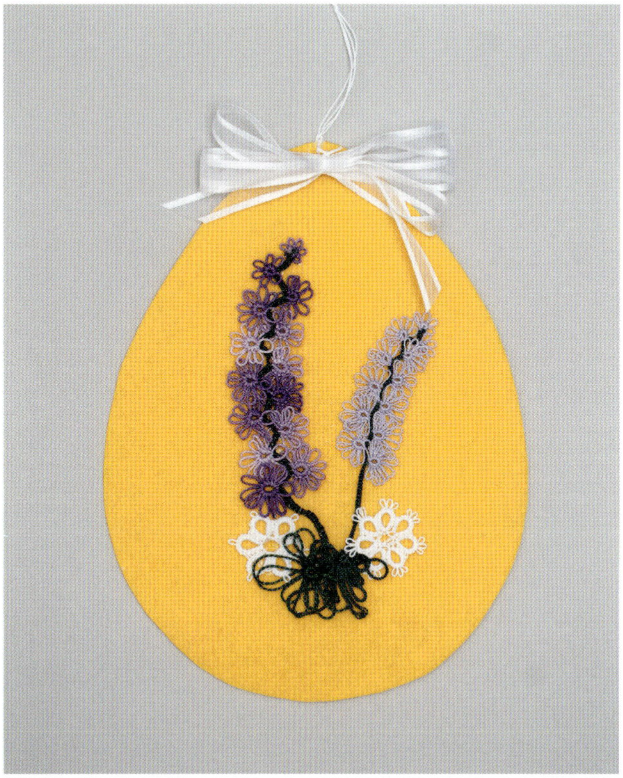

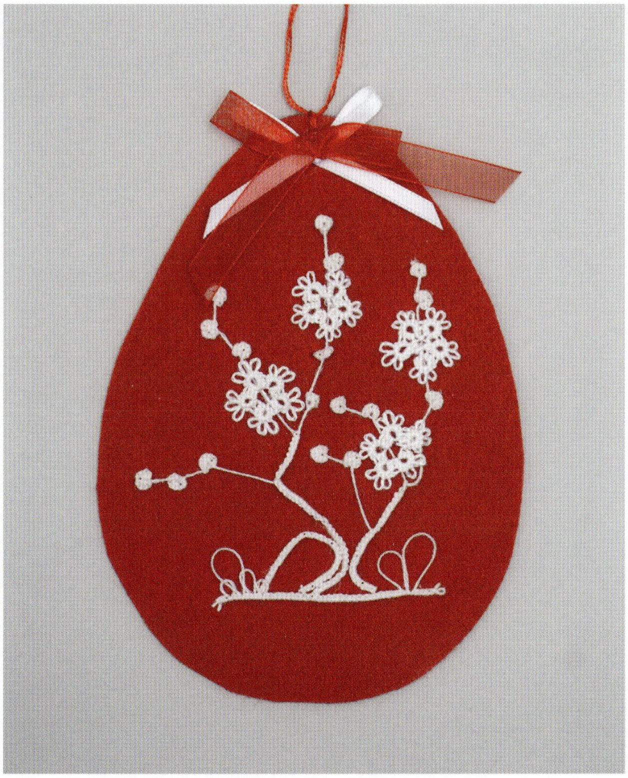

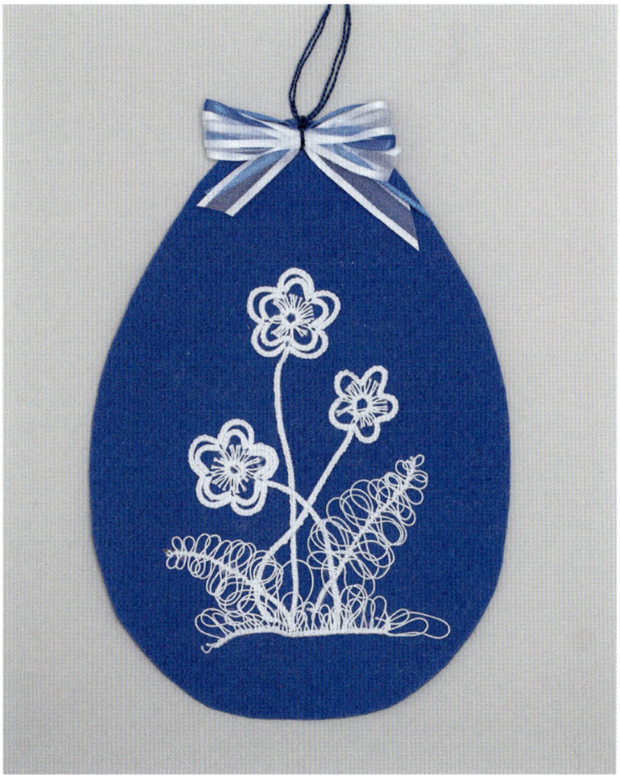

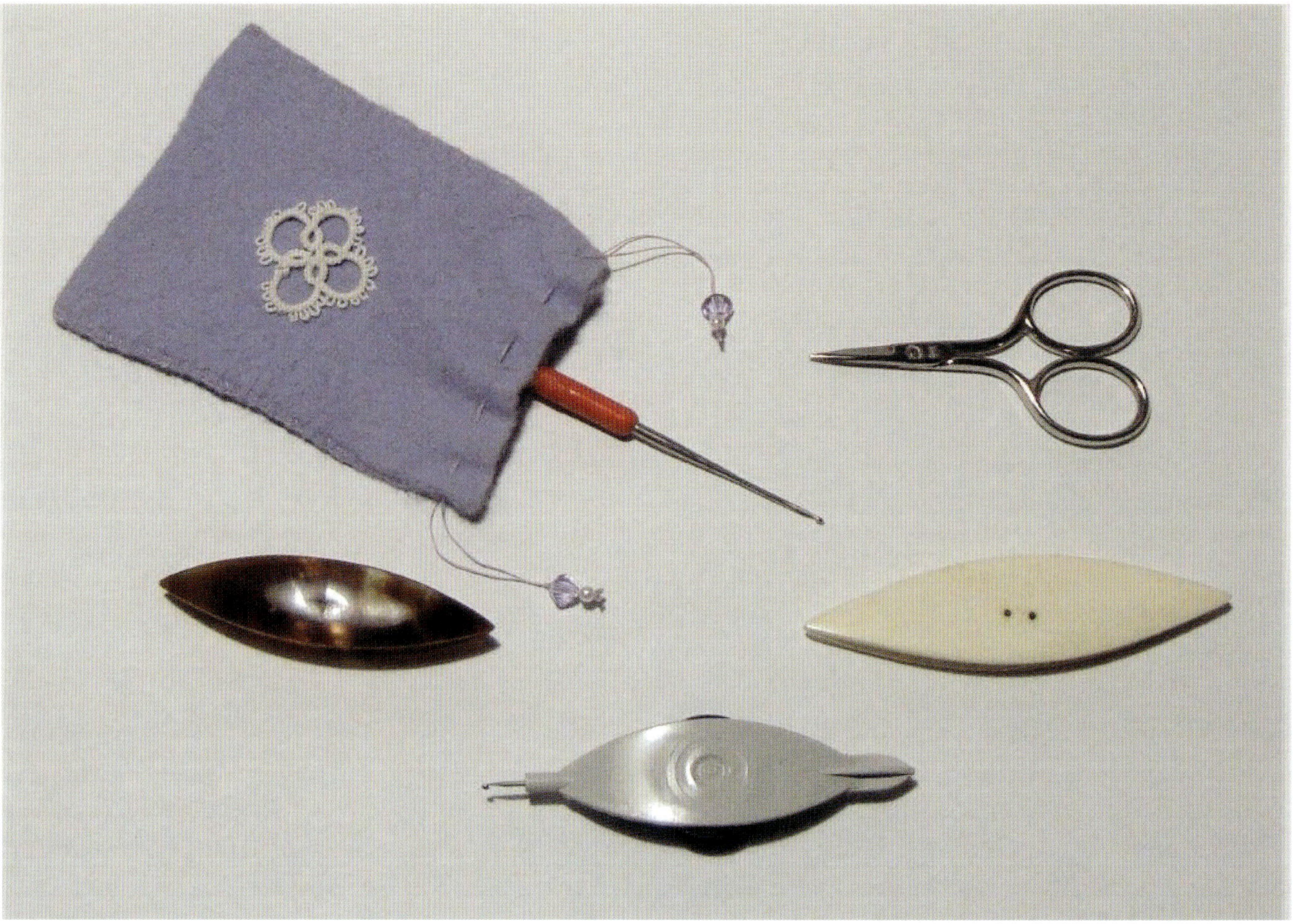

WEBERKNOTEN

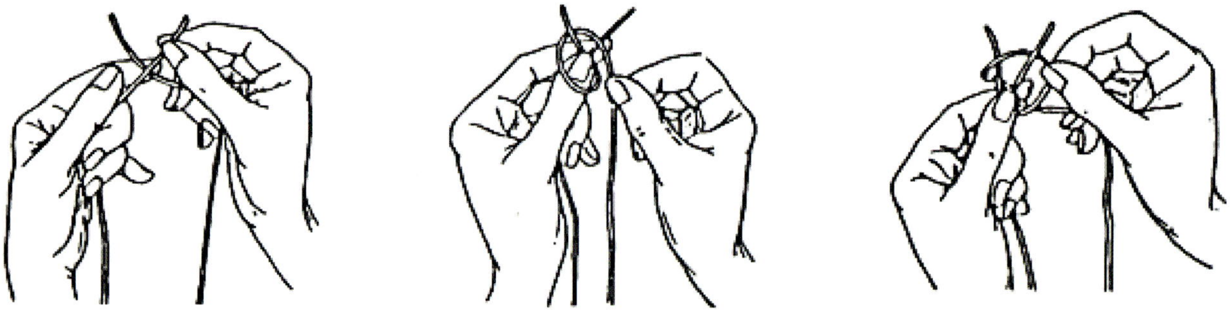

a b c

Ein neuer Faden ist am Beginn eines Ringes oder eines Bogens mit dem Weberknoten anzuknüpfen.

GRUNDTECHNIK OCCHI

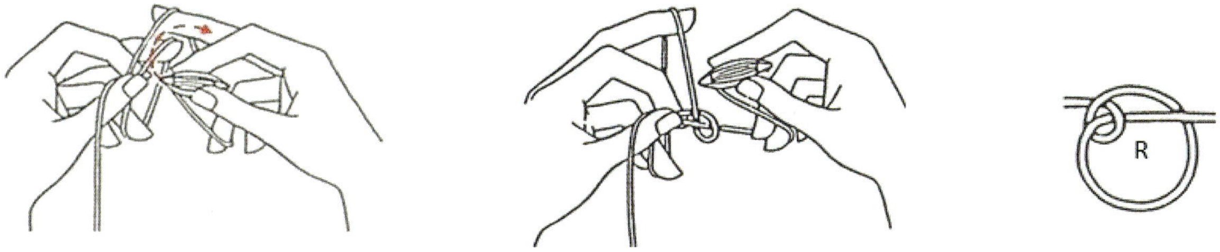

Handhaltung und Fadenführung beim Rechtsknoten

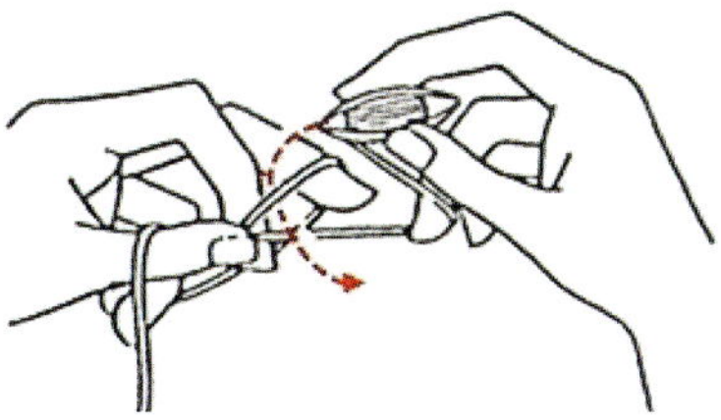

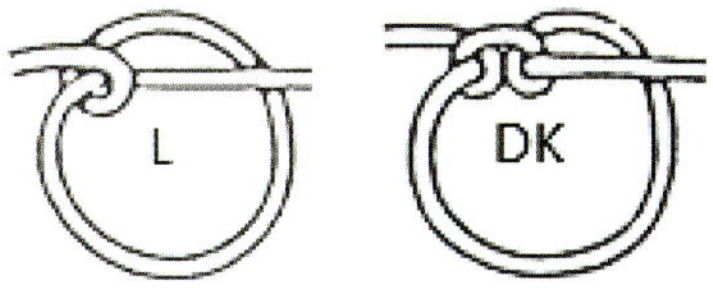

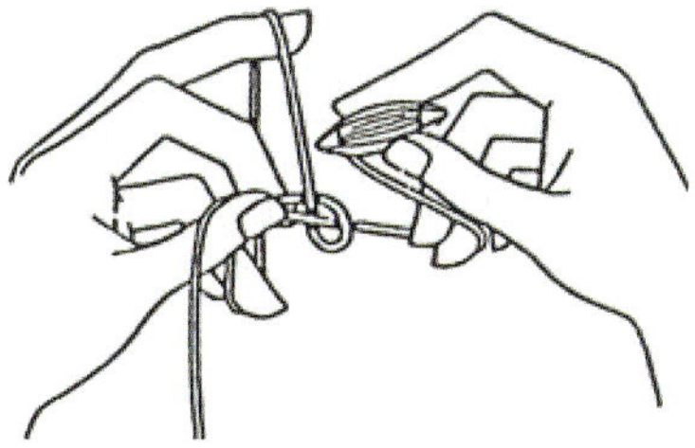

Handhaltung und Fadenführung beim Linksknoten

Handhaltung und Fadenführung beim Doppelknoten

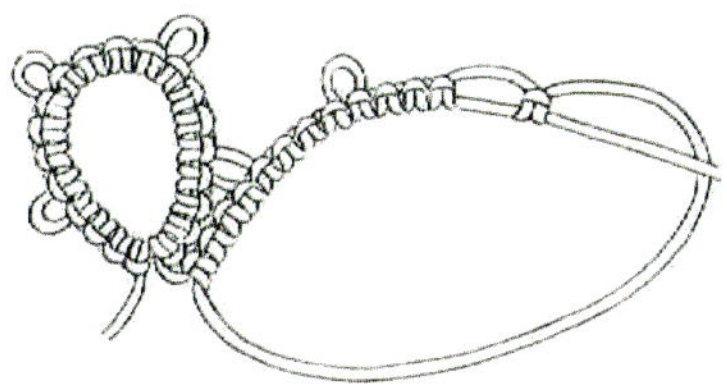

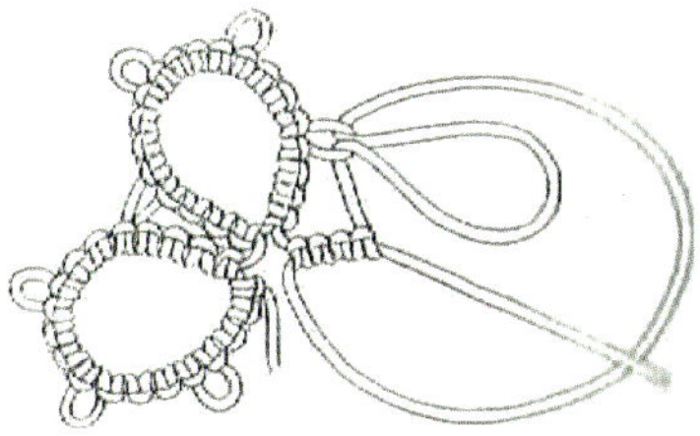

Ösenbildung:
Zwischen 2 DK lässt man einen kleinen Zwischenraum. Beim Zusammziehen entstehen die Ösen.

Anschlingen:
Den Knüpffaden mit der Häkelnadel durch die Öse ziehen. Das Schiffchen durch die gebildete Schlinge führen und anziehen.

Arbeiten mit zwei Schiffchen:

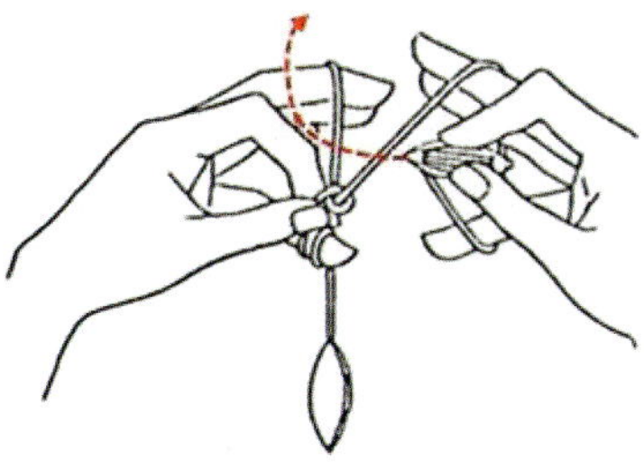

Anschlingen eines Bogens an einem Ring

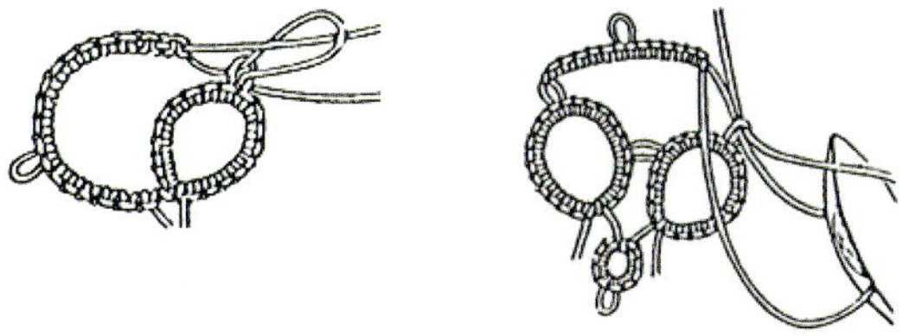

2 Schiffchen bewickeln, mit einem Weberknoten zusammenknüpfen.
Der Faden des 2. Schiffchens mehrmals um den kleinen Finger wickeln, den Bogen knüpfen.

SCHNUR IN MAKRAMEE-TECHNIK

Kordel
In die 2. von 4 Luftmaschen 1 feste Masche, in die 1. Luftmasche 3 feste Maschen; * mit 1 Luftmasche wenden, in die 1. feste Masche 1 feste Masche, in die 2. feste Masche 3 feste Maschen; ab * fortlaufend wiederholen.

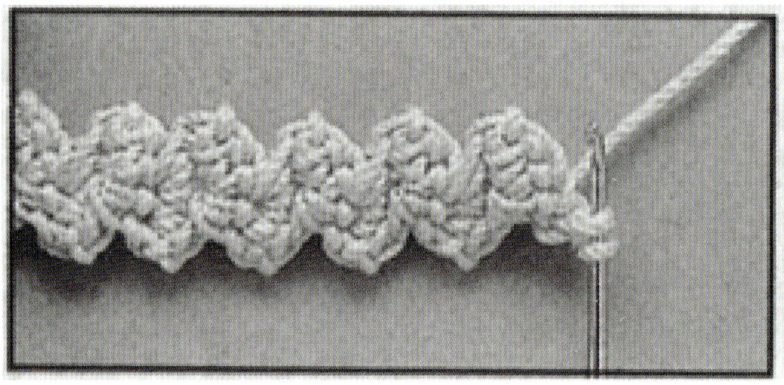

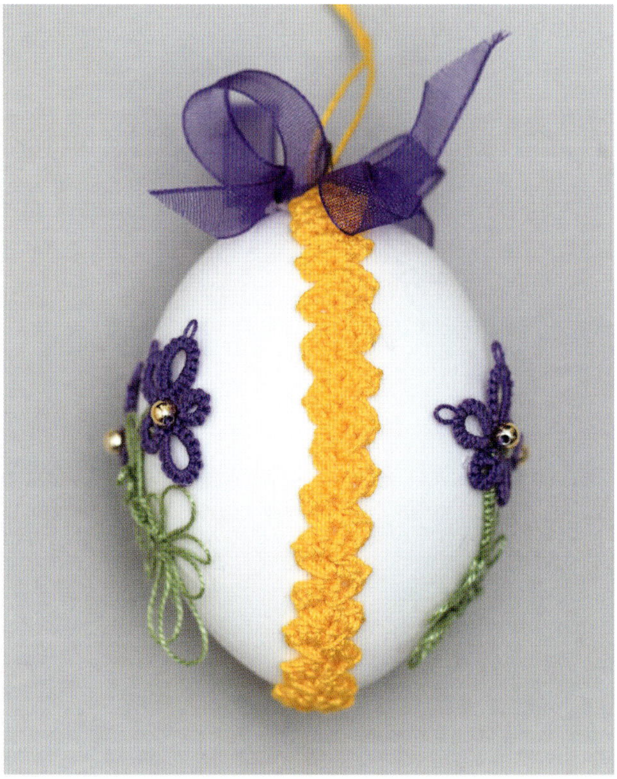

SEIDENBAND

Material: Seidenband 0,5 und/oder 1 cm breit

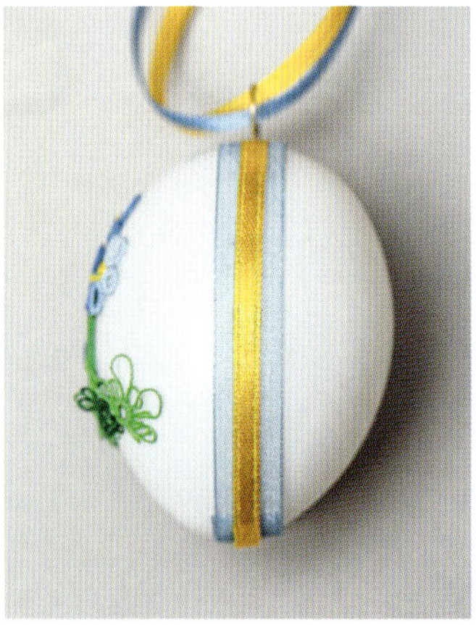

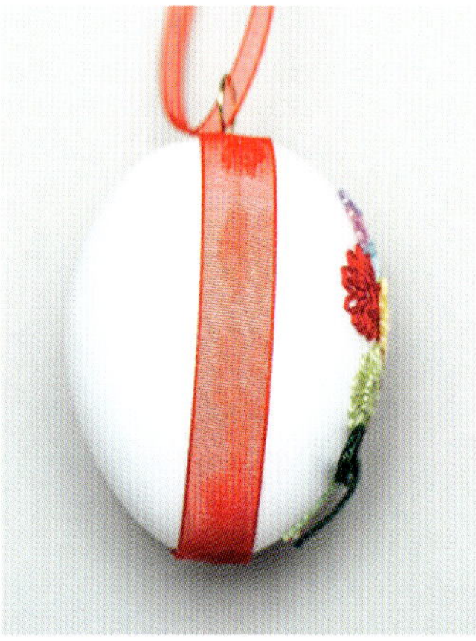

OCCHI VERKEHRT

Material: Baumwolle Nr. 30

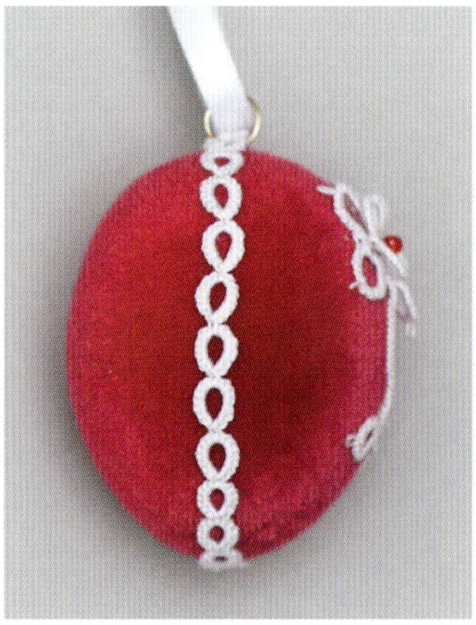

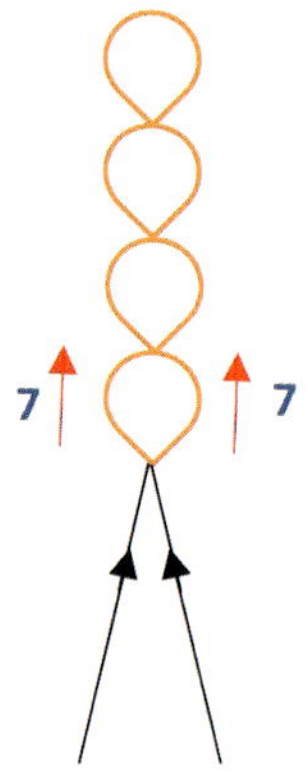

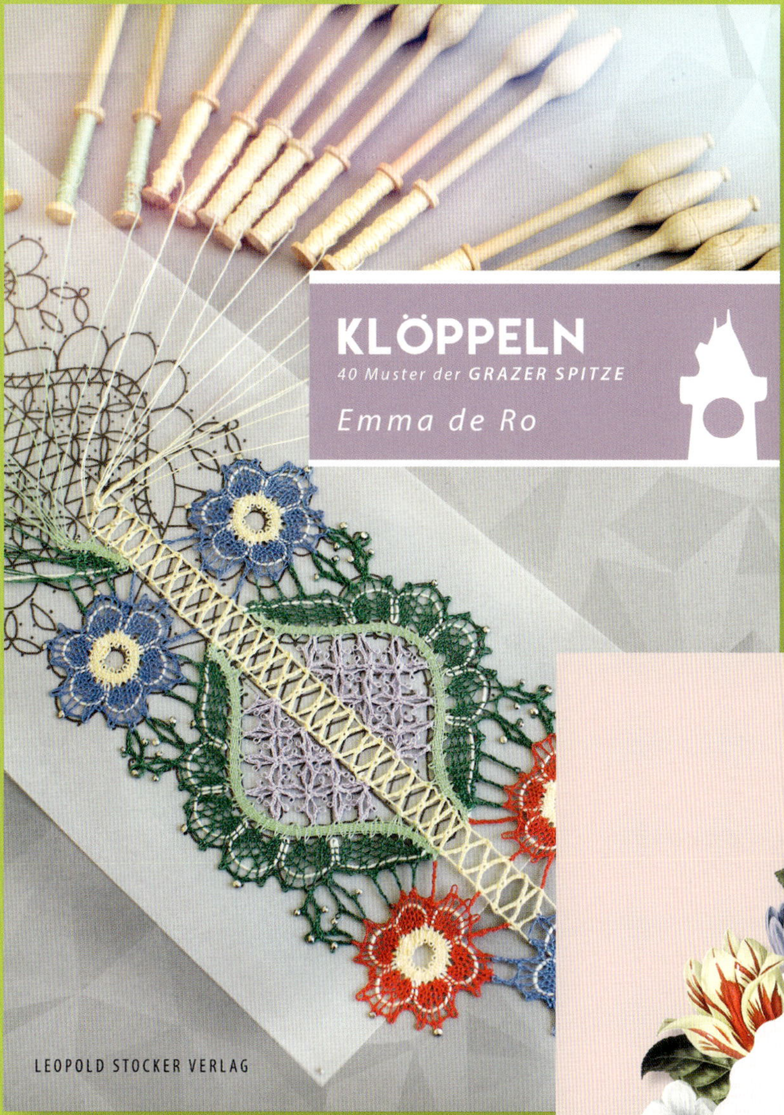

Emma de Ro:
KLÖPPELN.
40 MUSTER FÜR
DIE GRAZER SPITZE

ISBN: 978-3-7020-1527-5

Emma de Ro:
KLÖPPELIDEEN
FÜR OSTERN

ISBN: 978-3-7020-1924-2

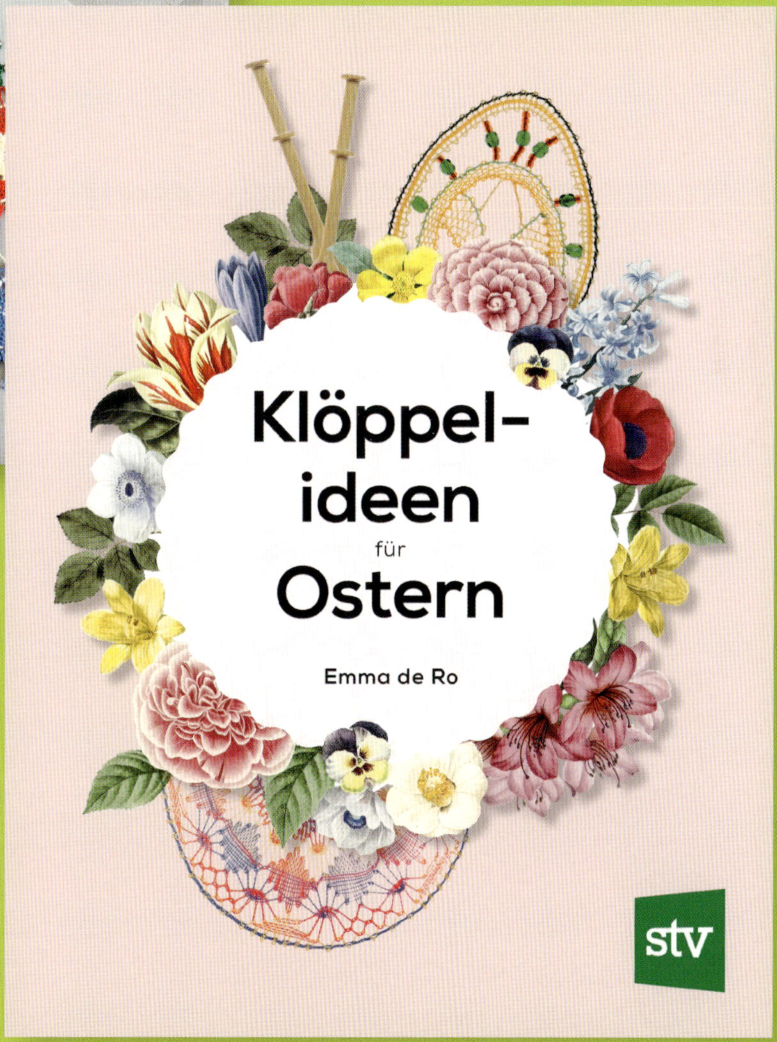

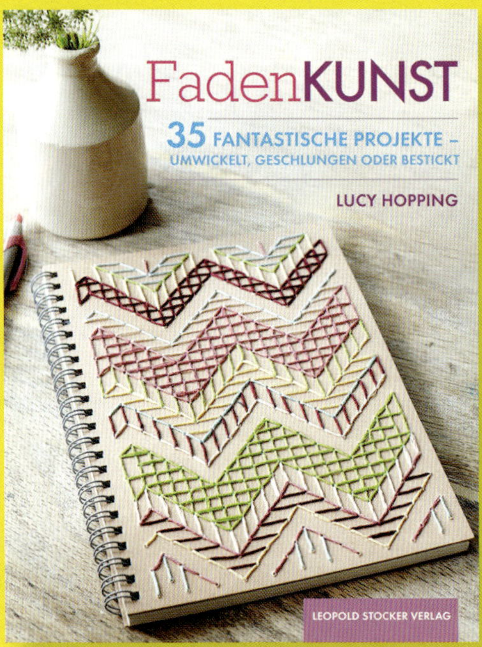

Lucy Hopping:
FADENKUNST

ISBN: 978-3-7020-1660-9

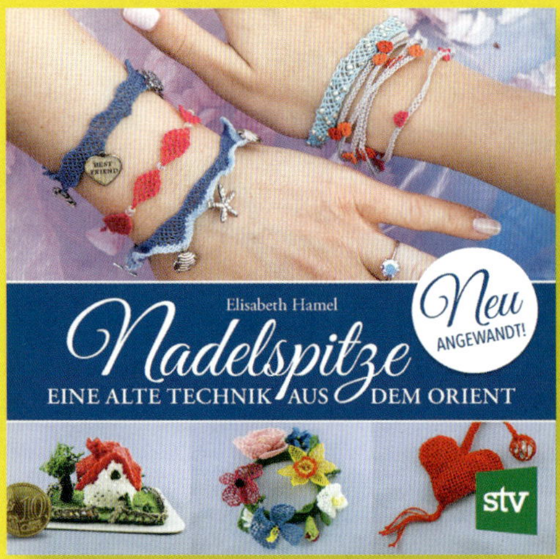

Elisabeth Hamel:
NADELSPITZE

ISBN: 978-3-7020-1746-0

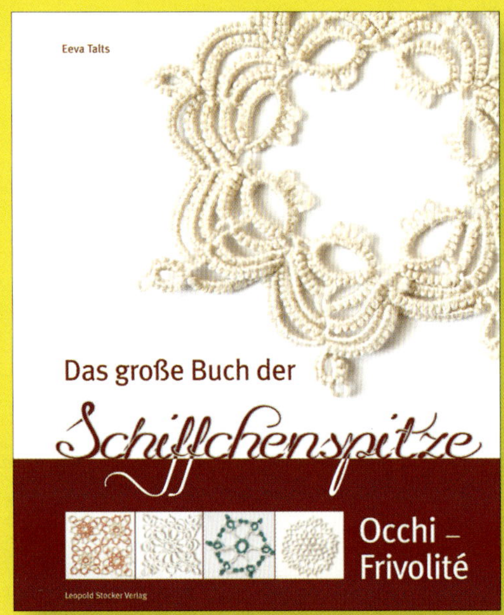

Eeva Talts:
DAS GROSSE BUCH DER SCHIFFCHENSPITZE

ISBN: 978-3-7020-1439-1

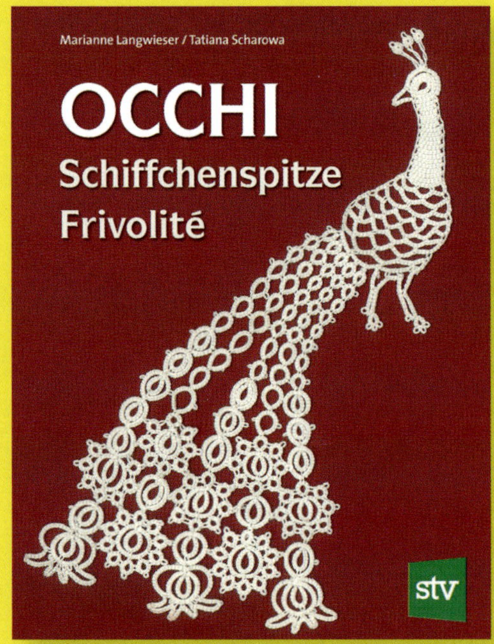

Langwieser/Scharowa:
OCCHI, SCHIFFCHEN-SPITZE, FRIVOLITÉ

ISBN: 978-3-7020-1334-9